Peter Jäger

# Whisky

## Selbst gemacht!

Leopold Stocker Verlag
Graz – Stuttgart

Titelgestaltung: Werbeagentur Rypka GmbH, 8143 Dobl, www.rypka.at
Umschlagfoto: Stephan Friesinger, Graz

Bildnachweis: Die Fotos und Abbildungen im Textteil wurden dem Verlag freundlicherweise vom Autor zur Verfügung gestellt.

Bibliografische Information der Deutschen Nationalbibliothek
Die Deutsche Nationalbibliothek verzeichnet diese Publikation in der Deutschen Nationalbibliografie; detaillierte bibliografische Daten sind im Internet über http://dnb.d-nb.de abrufbar.



Hinweis:
Dieses Buch wurde auf chlorfrei gebleichtem Papier gedruckt. Die zum Schutz vor Verschmutzung verwendete Einschweißfolie ist aus Polyethylen chlor- und schwefelfrei hergestellt. Diese umweltfreundliche Folie verhält sich grundwasserneutral, ist voll recyclingfähig und verbrennt in Müllverbrennungsanlagen völlig ungiftig.

Auf Wunsch senden wir Ihnen gerne kostenlos unser Verlagsverzeichnis zu:
Leopold Stocker Verlag GmbH
Hofgasse 5/Postfach 438
A-8011 Graz
Tel.: +43 (0)316/82 16 36
Fax: +43 (0)316/83 56 12
E-Mail: stocker-verlag@stocker-verlag.com
www.stocker-verlag.com

ISBN 978-3-7020-1596-1

Layout: Werbeagentur Rypka GmbH, 8143 Dobl, www.rypka.at
Druck: Druckerei Theiss GmbH, 9431 St. Stefan

# Inhalt

**Vorwort** ..... 7

**Einführung** ..... 10

**Was ist Whisk(e)y?** ..... 10

**Wo wird Whisk(e)y erzeugt?** ..... 10

**Wie schreibt man Whisky richtig?** ..... 11

**Woher kommt der Name Whisky?** ..... 12

**Geschichte des Whisk(e)ys** ..... 14
Schottischer Whisky ..... 14
Irischer Whiskey ..... 15
Amerikanischer Whiskey ..... 17
Kanadischer Whisky ..... 18
Japanischer Whisky ..... 19
Australischer Whisky ..... 20
Deutscher Whisky ..... 20
Österreichischer Whisky ..... 20
Schweizer Whisky ..... 22

**Schottische Whisky-Brennereien** ..... 22

**Whisky-Bezeichnungen in Schottland** ..... 32
Grundsätzliche Einteilung ..... 32

**Herstellung von Malt-Whisky in Schottland** ..... 34
Malting – Mälzen (Malzherstellung) ..... 37
Whisky-Herstellung ..... 42
Erzeugung von „Vatted Malts“ ..... 55
Erzeugung von „Blended Whiskys“ ..... 56
Geschmacksunterschiede zwischen schottischen Malt-Whiskys ..... 57
Erklärung gälischer Wörter ..... 58

**Herstellung von Grain-Whisky in Schottland** ..... 61
Maischegewinnung und Vergärung ..... 62

**Herstellung von irischem Whiskey** ..... 67

**Herstellung von amerikanischem Whiskey** ..... 68

**Herstellung von kanadischem Whisky** ..... 70

**Whisky selbst herstellen** ..... 71

**Gesetzliche Grundlagen für die Whisky-Herstellung** ..... 71

**Roh- und Hilfsstoffe** ..... 75
Wasser ..... 75

Malz und Rohfrucht ... 76
Rohfrucht und dazugehöriges Malz ... 77

**Whisky-Herstellung** ... 79
Schroten ... 79
Einmaischen ... 80
Herstellung einer Malzmaische ... 83
Herstellung einer Rohfruchtmaische mit Malz als Verzuckerungsmittel ... 84
Herstellung einer Rohfruchtmaische mit technischen Enzympräparaten ... 85
Maischverfahren für Malz- und Getreide-Whisky ... 86
Abkühlen der süßen Maische ... 89
Hefezusatz/Anstellen ... 90
Gärung ... 92
Destillation ... 93
Inhaltsstoffe von diversen Whiskys ... 109
Lagerung der Destillate und Lagerdauer ... 111
Einstellen auf Trinkstärke ... 114
Deklaration der Handelsware ... 121
Trinktemperatur ... 121

**Trinkkultur** ... 122

**Bildung der Whisky-Aromastoffe** ... 124
Analysen-Ergebnisse ... 128

**Whisky-Trail in Schottland** ... 133

**Weitere Informationen zum Whisky** ... 135

**Stärke- und Alkoholausbeute** ... 135

**Alkoholkonzentration in Schottland/Irland** ... 137

**Alkoholkonzentration in den USA und in Kanada** ... 138

**Flüssigkeitsmaße in England (GB) und in den USA/in Kanada** ... 139

**Flaschengrößen** ... 139

**Whisky-Lagerfässer in England und in den USA/in Kanada** ... 139

**Temperaturumrechnungen in England (GB) und in den USA/in Kanada** ... 140

**Anhang** ... 141

**Literaturverzeichnis** ... 141

**Bezugsquellen** ... 143

**Steckbrief des Verfassers** ... 144

# Vorwort

Anfang 1961 begann ich meine Tätigkeit bei der Elbschloss-Brauerei in Hamburg. Der Zauber dieser Hanse- und Hafenstadt hat mich sofort fasziniert. Während dieser Zeit lernte ich bei einem englischen Freund auch Malt-Whiskys kennen, die damals bei uns kaum bekannt waren. Reisen nach Schottland und Irland vermehrten mein Wissen zum Thema Whisky, und schließlich begann ich Whisky-Sorten zu sammeln. Diese Sammlung wurde seither mit zahlreichen Whiskys aus aller Welt ergänzt.

Im Rahmen meiner späteren Tätigkeit als Betriebsberater an der Bayerischen Versuchs- und Lehrbrennerei Weihenstephan knüpfte ich zahlreiche Kontakte mit Getreide- und Kornbrennereien im In- und Ausland. Damals besaßen fast alle gewerblichen und landwirtschaftlichen Brennereien, welche stärkehaltige Rohstoffe verarbeiteten, noch eine eigene Mälzerei und stellten ihr Malz – meist Grünmalz – selbst her. Es gab Tennen-, Trommel- und Kastenmälzereien. Anfang der 70er-Jahre des 20. Jh.s begannen technische Enzympräparate ihren Einzug im Bereich der stärkeverarbeitenden Brennereien zu halten und ersetzten vielerorts die eigene Malzerzeugung.

Auf Anregung einiger Freunde begann ich mit der Zusammenstellung diverser Fakten zur Technologie der Whisk(e)y-Herstellung. Im Zuge dieser Arbeiten kam auch der Wunsch aus der Praxis, eine Anleitung für Hobby-Brenner und sonstige Interessierte zu verfassen, um Whisk(e)y selbst herstellen zu können. Es wurde versucht, beide Schwerpunkte zu koppeln. Sie finden daher in diesem Buch zunächst eine Einführung in die Welt des Whisk(e)ys, ferner zum besseren Verständnis der Materie eine Abhandlung über die Herstellpraktiken diverser Whiskys in den bekanntesten Erzeugerländern. In der Mitte des Buches sind ausführliche Anleitungen für die Selbsterzeugung von Whisk(e)y (Malz- und Getreide-Whisky) zusammengestellt. Abgerundet wird das Ganze am Ende durch diverse Angaben über Alkoholkonzentrationen und -ausbeuten, Temperaturberechnungen, Flaschen- und Fassgrößen, Trinkkultur, Sensorik und Analytik.

Der Titel des Buches „Whisky – Selbst gemacht!" wurde bewusst gewählt. Einige mögen vielleicht unter diesem Titel lediglich eine Auflistung von Brennereien oder eine Anleitung zum Brennen oder Destillieren erwarten und wenig Interesse an den sonstigen Erklärungen und Ausführungen haben. Andere sind froh, hier Zusammenhänge und wichtige Grundlagen zu erfahren. Im Buch werden die gesamte Technik und Technologie der Whisky-Herstellung kurz, aber ausreichend für eine erste Beschäftigung mit dieser Materie beschrieben. Die Palette reicht vom Rohstoff über die Maischarbeit und Vergärung bis hin zur Destillation und Lagerung.

Wenn man ganz allgemein vom Schnapsbrennen spricht, so meint man damit den gesamten Herstellungsprozess für einen Trinkbranntwein, also alle Tätigkeiten vom Einmaischen über die Gärung bis hin zur Destillation und Lagerung der Destillate. Der Titel des Buches beinhaltet somit alle Tätigkeiten, die mit der Herstellung des Endproduktes verbunden sind. Das Buch ist daher als kleines Lehrbuch zur Einführung in die Welt der Whisky-Herstellung gedacht. Wer sich tiefer mit der Technologie zur Herstellung von Trinkbranntweinen und Likören beschäftigen will, dem sei das Werk „Das Handbuch der Edelbranntweine, Schnäpse und Liköre" (Vom Rohstoff bis ins Glas) empfohlen, 2014 bereits in 3. Auflage ebenfalls beim Stocker Verlag in Graz erschienen. Auch hier wird unter anderem auf die Herstellung von Getreidebranntweinen eingegangen.

Seit vor ca. 15 Jahren die Idee zu diesem Buch reifte, hat sich die Whisky-Welt international und vor allem national beachtlich gewandelt. Ich habe versucht, auch diesem Wandel gerecht zu werden. An dieser Stelle möchte ich auch ausdrücklich den vielen Lesern danken, die mir die positiven Eindrücke und Erfahrungen mitteilten, welche sie durch das Studieren und Lesen auch „zwischen den Zeilen“ meines ersten Buches gewonnen haben.

Somit wünsche ich allen Kennern, Neueinsteigern und Liebhabern dieser Materie viel Vergnügen beim Lesen und denjenigen, die sich selbst in die Kunst der Whisk(e)y-Herstellung vertiefen möchten, ein gutes Gelingen!

*Peter Jäger* Wien, Frühjahr 2016

Was ist Whisk(e)y?

Wo wird Whisk(e)y erzeugt?

Wie schreibt man Whisky richtig?

Woher kommt der Name Whisky?

Geschichte des Whisk(e)ys

Schottische Whisky-Brennereien

Whisky-Bezeichnungen in Schottland

Herstellung von Malt-Whisky in Schottland

Herstellung von Grain-Whisky in Schottland

Herstellung von irischem Whiskey

Herstellung von amerikanischem Whiskey

Herstellung von kanadischem Whisky

# Einführung

## Was ist Whisk(e)y?

Whisk(e)y ist ein Edelbranntwein. Während Cognac und Armagnac aus Traubenwein, Calvados aus Apfelwein (Cidre), Rum aus Zuckerrohrmelasse, Tequila aus vergorenem Agavensaft und unsere Obstbranntweine aus heimischem Kern-, Stein- und Beerenobst hergestellt werden, gehört der Whisk(e)y zur Gruppe der **Getreidebranntweine**. Je nach Herkunftsland werden Gerstenmalz, Gerste, Weizen, Roggen, Hafer, Hirse und Mais als Rohstoffe eingesetzt.

Am Whisk(e)y haftete lange Zeit der Duft der großen weiten Welt, ein Hauch von Luxus. Whisk(e)y war zunächst ein Synonym für „Scotch". Erst nach 1945 gewann „Bourbon" immer mehr an Bedeutung. Nach dem Zweiten Weltkrieg bis hinein in die 80er-Jahre war der Begriff Whisk(e)y noch immer einem Statussymbol gleichzusetzen. Heute haben sich die Binnenmärkte geöffnet, und im Zeitalter der EU kann sich auch in Österreich fast jeder diesen Luxus leisten.

## Wo wird Whisk(e)y erzeugt?

Die klassischen Herkunftsländer sind **Schottland** und **Irland** (Scotch, Irish). Im Zuge der Auswanderungswelle in die Neue Welt gelangte der Whisk(e)y nach **Amerika** und **Kanada** (American, Canadian). Seit 1923 wird auch in **Japan** (Suntory, Nikka, Kirin) und Australien (Myers Distillery) Whisky hergestellt. In der BRD wurde bereits in den 60er-Jahren des 20. Jh.s als überregionale Marke der „Blended Whisky Racke Rauchzart" erzeugt. Erstaunlich ist, dass schon 1983 in einem kleinen fränkischen Ort die erste deutsche Malt-Whisky-Brennerei, die Blaue Maus, gegründet wurde. Heute sind es etwa 30 bis 50 Betriebe, die regional Malz-Whisky und Rohfrucht-Whisky erzeugen.

Neben den klassischen Herkunftsländern machen sich auch die deutschsprachigen Länder zunehmend einen Namen in der Whiskyherstellung.

In Österreich wurde 1995 im Waldviertel die erste Whisky-Destillerie errichtet. Dort wird aus Roggen ein Roggen-Malz-Whisky produziert. Es folgten bald weitere Betriebe. Heute befassen sich etwa 20 Brennereien mit der regionalen Erzeugung von Malz- und Rohfrucht-Whisky. Auch die Schweiz folgte diesem Trend. Seit 1999 werden nach einer Gesetzesänderung auch dort Malz- und Rohfrucht-Whisky erzeugt. Circa 30 bis 40 Betriebe erzeugen diverse Whiskys.

Genau wie in den Standardländern unterliegt die Whisky-Welt auch in den neuen Whisky-Ländern einer laufenden Veränderung. Die Angabe eines „Who is Who" in der regionalen und internationalen Whisky-Welt zu einem fixen Zeitpunkt ist deshalb nahezu unmöglich. Alle Angaben sind quasi als Momentaufnahme zu verstehen, da Stilllegungen, Schließungen, Neueröffnungen, Neugründungen, Zusammenschlüsse, Fusionen etc. meist in aller Stille erfolgen und erst viel später, oft nur durch Zufall, bekannt werden.

Listen mit der Angabe von Betriebsstätten in den neuen, aber auch in den alten traditionellen Erzeugerländern sollten daher stets nur als erste Informationsquelle wahrgenommen werden und nicht als absolut gültige Info.

## Wie schreibt man Whisky richtig?

Spaßvögel dichten den Schotten eine gewisse Sparsamkeit an, weshalb das Wort Whisky dort auch ohne „e" geschrieben wird. Es hat sich daher eingebürgert, dass in Schottland und auch in Kanada die Bezeichnung „Whisky" lautet, in Irland und den USA dagegen die Bezeichnung mit einem „e" geschrieben wird, also „Whiskey". Der Name „Whisky" ist leider nicht gesetzlich geschützt, sodass jede Form der Bezeichnung gewählt werden kann. Lediglich der Begriff „Scotch Whisky" darf nur für den in Schottland hergestellten Whisky verwendet werden.

# Woher kommt der Name Whisky?

Der Name „Whisky" und der vieler Brennereien kommt aus dem Gälischen.

Schotten und Iren streiten heute noch, wer wohl als Erster Whisky gebrannt hat. Die Ursprache auf den Inseln war Keltisch oder Gälisch (seit dem 6. Jh.). Die meisten schottischen Whisky-Brennereien und Whisky-Marken haben heute noch gälische Namen. Die Aussprache ist selbst für Engländer ungewohnt schwierig, und was auf Lateinisch „aqua vitae", d. h. Wasser des Lebens oder Lebenswasser heißt und als Aquavit in den dänischen Kümmelbränden (Aquavit, Bommerlunder etc.) weiterlebt, und wozu der Engländer „water of life" sagen würde, das war in Schottland früher „uisge beatha". Daraus ist der Whisky hervorgegangen:

Uisge beatha
→ usquebough
→ uisgi
→ uiskie
→ Whisky
→ ***Lebenswasser***

Amtlich wurde die Bezeichnung Whisky erst 1755, und zwar mit der Aufnahme in das Wörterbuch von Dr. Samuel Johnson. Interessant ist, dass neben Englisch auch heute noch in Schottland Gälisch gesprochen wird. Zeitweise war Gälisch sogar die Hauptsprache Schottlands. Heute sprechen nur mehr ca. 70.000 Schotten (die ältere Generation) Gälisch, hauptsächlich im Nordwesten und auf den Inseln (Hebriden, Skye, Mull, Orkneys).

Gälisch war eher die Sprache der einfachen Leute. In adeligen Kreisen wurde ab dem 11. Jh. Scots gesprochen, eine dem Englischen verwandte Sprache.

Auf den Orkney und Shetland Inseln wird daneben heute auch noch Norn gesprochen, eine Abart des Altnordischen.

# Geschichte des Whisk(e)ys

Nachstehend wird versucht, die Entwicklung der Whisk(e)y-Herstellung in den wichtigsten alten und „neuen" Ländern darzustellen. Daneben soll noch erwähnt werden, dass auch in Indien und Russland seit einer Reihe von Jahren Whisk(e)y hergestellt wird.

## Schottischer Whisky

Schotten und Iren bezeichnen sich jeweils selbst als die Erfinder des Whisk(e)ys.

Whisky wird seit Hunderten von Jahren in **Schottland und Irland** destilliert. Die eigentliche Geburtsstunde verliert sich jedoch im Dunkel der Geschichte. Die Kunst des Destillierens hatten – so berichten die Iren – missionierende Mönche von den Arabern gelernt und von Irland nach Schottland gebracht. Dies wird auch von Kreuzrittern erzählt, die das Wissen um die Destillation nach Schottland mitbrachten. Deshalb bezeichnen sich eigentlich die Iren als die Erfinder des Whisk(e)ys. Der hl. Patrick ist wohl der Schutzpatron der Whisk(e)y-Brenner.

Egal ob Mönche, Kreuzritter oder Siedler die Brenntechnik nach Schottland brachten – der erste offizielle Nachweis über schottischen Whisky findet sich im Archiv des schottischen Schatzamtes aus dem Jahr 1494. Einem Mönch, dem **Friar John Cor**, wurden 8 bolls Gerste zur Herstellung von Lebenswasser zugeteilt (1 boll entspricht 6 Scheffeln, 1 Scheffel entspricht 36,4 Litern).

1579 wurde die erste Steuer auf die Herstellung von Whisky verfügt (Strong-water-Steuer).

Bis zum 11. Jh. konnte jeder Schotte sein Lebenswasser frei und ohne Abgaben brennen. 1579 kam das erste Gesetz, das die Herstellung von Lebenswasser nur mehr einer kleinen privilegierten Gruppe von Großgrundbesitzern gestattete. 1644 wurde ein Gesetz verabschiedet, das zum ersten Mal Whisky mit einer Steuer belegte (Strong-water-Steuer).

1699 wird erstmals in den Urkunden des schottischen Parlaments eine Brennerei genannt und das Wort **„Wiskie"** erwähnt.

Die Folge der Strong-water-Steuer war das Entstehen von zahllosen Schwarzbrennereien in den Hügeln. Man schätzte ihre Zahl Anfang des 19. Jh.s auf über 15.000. Wegen der zahlreichen Schwarzbrennereien wurde 1707 das Brennen von Whisky in Schottland verboten – es sei denn, man erwarb eine staatliche Lizenz. Die ältesten bestehenden lizenzierten Brennereien sind in Irland Kilbeggan (1757), in Schottland Glenturret (1775) und Bowmore (1779). Neben Schwarzbrennereien (über

400 im Hochland) blühte auch der Schmuggel. Der wichtigste Schmuggelweg für Moonshine-Whisky führte vom Speytal nach Perth (220 km).

1746 unterlagen die Schotten den Engländern bei der Schlacht von Culloden Muir. Ab diesem Zeitpunkt öffnete sich das Hochland (Highland) gegenüber dem Niederland (Lowland) und der Whisky begann sich aus einem „Arme-Leute-Wein" zu einem ernstzunehmenden, bald fabriksmäßig hergestellten Produkt zu entwickeln.

Zwischen 1660 und 1810 gab es über 30 Änderungen des Steuereinzug-Gesetzes. Erst der Herzog von Gordon gab 1823 einen Erlass heraus, der die Whiskyherstellung legalisierte und eine akzeptable Besteuerung vorsah. Für eine jährliche Brennlizenz wurde eine Gebühr von 10 Pfund Sterling und pro Gallone Whisky eine Steuer von 2 Schilling und 3 Pence eingehoben.

1823 wurde die Herstellung von Whisky legalisiert und angemessen besteuert.

Die Brennblasen mussten damals einen Inhalt von mehr als 200 Litern haben.

Die Legalisierung ging natürlich nicht so reibungslos vonstatten, aber Ende des 19. Jh.s waren kaum mehr Schwarzbrennereien anzutreffen. Heute sind in Schottland ca. 135 Brennereien in Betrieb.

Die erste Lizenz nach Legalisierung wurde dem Farmer **George Smith** aus Glenlivet zugesprochen.

## Irischer Whiskey

Der erste schriftliche Beleg für irischen Getreidebrand stammt aus dem 16. Jh.

Irischer Whiskey unterscheidet sich nicht nur in der Schreibweise, sondern auch in der Herstellung von schottischem Whisky.

Im Gegensatz zu Schottland, wo sehr viele Kleinbrennereien existierten, konzentrierte sich die Whiskey-Produktion in **Irland** in und um die Städte Dublin und Cork. Gegen Ende des 18. Jh.s waren dort ca. 2.000 Brennereien zu finden. Nach dem Unabhängigkeitskampf gegen England (1916) und dem anschließenden Bürgerkrieg (1919–1921) ging der gesamte britische Markt inkl. der Commonwealth-Staaten für die irische Whiskey-Produktion verloren. 1929 folgte in den USA die Prohibition, was zu einem weiteren Niedergang irischer Brennereien führte. Das Brennereisterben dauerte bis zum Ende der 50er-Jahre des 20. Jh.s.

Aus Platzgründen und Wassermangel schlossen sich die restlichen Brennereien 1966 zur IDG (Irish Distiller Group) zusammen und errichteten in der Nähe von Middleton eine Großanlage, in welcher praktisch fast alle bekannten Whiskeys hergestellt werden. Eine weitere Anlage ist die Bushmills Distillery, welche 1972 ebenfalls zur IDG kam. 1975 arbeiteten nur mehr die Midleton- und die Bushmills-Brennerei. 1986 begann eine dritte Brennerei, die Cooley Distillery, ihre Arbeit in der Nähe von Dundalk, eine Konkurrenz von IDG.

Schotten und Iren streiten nicht nur darüber, wer den Whisk(e)y erfunden hat, sondern auch darüber, wo die älteste Whisk(e)y-Brennerei der Welt liegt.

So wie die Schotten und die Iren streiten, wer den Whisky erfunden hat, so streiten auch die Iren darüber, wo die älteste Whisky-Brennerei der Welt liegt. Vor allem die Brennereien Kilbeggan und Bushmill liegen diesbezüglich im Wettstreit. Aus diesem Grund kursieren auch verschiedene Jahresangaben, am häufigsten werden 1757 und 1608 als die Jahre angegeben, in denen der erste Getreidebrand erzeugt bzw. lizensiert wurde. Für uns ist wichtig, dass beide Betriebe einen ausgezeichneten irischen Whiskey herstellen. Auch muss hier festgehalten werden, dass der erste hergestellte Whisk(e)y sehr wahrscheinlich völlig anders schmeckte als die heute bekannten Sorten und Varianten.

Oft wird nach den **Herstellungsunterschieden** zwischen schottischem und irischem Whisk(e)y gefragt. Das zur Whiskey-Herstellung in Irland verwendete Gerstenmalz wird nicht direkt über Torfrauch getrocknet, sondern indirekt oder direkt über Kohlenrauch. Irischem Whiskey kann neben Gerstenmalz auch Gerste oder Hafer zugesetzt werden. Im Großteil der Fachliteratur wird zudem darauf hingewiesen, dass in Irland vorwiegend eine dreifache Destillation stattfindet. In Schottland dagegen wird Malt-Whisky nur zweimal nach der Pot-Still-Methode destilliert oder Grain-Whisky mit der Patent-Still-Methode, also mit einem 2-Säulen-Apparat.

Aber keine Regel ohne Ausnahme. Auch in Schottland findet in etwa vier Betrieben eine dreifache Destillation statt. In Deutschland und speziell auch in Österreich destillieren einige Betriebe anstatt mit Blasenapparaten mit einer Destillierkolonne, mit welcher Roh- und Feinbrand nicht separat hergestellt werden, sondern wo in einem einzigen Arbeitsgang direkt aus der Maische ein Feinbrand erzeugt wird. Es ist nicht absolut auszuschließen, dass diese Art des einmaligen Brennens evtl. auch in Schottland oder Irland Einzug halten wird. Technischen Innovationen sind aus Rationalisierungsgründen und kaufmännischen Erwägungen durchaus Tür und Tor geöffnet, sofern das entstehende Produkt mit der bisherigen Qualität Schritt halten kann.

Einige bekannte irische Whiskey-Marken: Paddy, Bushmills (Black Bush, Bushmills Malt), Jameson, Tullamore Dew, Powers, Connemara, Tyrconnell, Kilbeggan, Celtic Crossing, Millars, Old Dublin, Inishowen, Midleton, Murphys, Redbreast, Crested Ten und viele andere.

## Amerikanischer Whiskey

Amerikanischer Whiskey ist cin Mais-Whiskey. Mais war damals (um 1650) die Hauptgetreidesorte in den Südstaaten Nordamerikas.

Der **amerikanische Whiskey** ist verhältnismäßig jung und verdankt seine Entstehung irischen und schottischen Auswanderern. 1620 brachte die „Mayflower“ die Pilgerväter (Puritaner) von England (Plymouth) nach Amerika (Massachusetts). 1624 wurde Neu-Amsterdam von den Holländern besiedelt, fiel 1664 an die Engländer, erhielt den Namen New York und wurde 1788 der fünfte Staat der USA. Zur damaligen Zeit wurde in Amerika meist Rum getrunken und später Roggen-Branntwein.

1640 wurde über einen Holländer mit Namen **Hendriksen** berichtet, der auf Anordnung der Dutch Colony of New-Netherlands einen Branntwein aus Mais und Roggen brannte. Durch die Whiskey-Produktion der schottischen und irischen Einwanderer ging der Verbrauch an Rum und Apple Jack rasch zurück. Bereits gegen Ende des 18. Jh.s war Whiskey schon zum amerikanischen Nationalgetränk geworden.

Da in den Südstaaten Mais besser wuchs, wurde der Roggen zunehmend durch Mais ersetzt. 1770 begann man verstärkt, Mais anzubauen. Ein Indianermissionar namens **Elijah Craig** verwendete erstmals nur Mais zur Whiskey-Herstellung und kaufte eine Brennerei in Georgetown, Bourbon County, Kentucky.

*Jim Beam ist eine bekannte Bourbon-Whisky-Marke.*

Der eigentliche Ursprung des „Bourbon-Whiskeys“ liegt im Scott County, einem Teil des Bourbon County, das in Virginia liegt. Ein Teil Virginias wurde 1776 zu Kentucky. Bei einer weiteren Unterteilung erhielt ein großes Gebiet des Landes Kentucky die Bezeichnung Bourbon County, nach dem französischen Geschlecht der Bourbonen. 1791 wurde bereits eine Branntweinsteuer eingeführt.

1821 wird der Name „Bourbon-Whiskey“ erstmals erwähnt. 1897 wurde von Taylor das „Bottled-in-Bond“-Gesetz geschaffen, ein staatlich garantiertes Gütesiegel, das Qualität von den übrigen minderen Produkten abgrenzte. Ein Bottled-in-Bond-

Whiskey musste unverschnitten, mindestens vier Jahre gelagert sein und mindestens 50 % vol. aufweisen. 1920–1933 schlug die Prohibition zu, und es blühten Schwarzmarkt und Schmuggel mit Moonshine-Whiskey.

Gegenwärtig sind es rund fünf große Hersteller, welche den Markt beherrschen. Neben Bourbon-Whiskey sind noch Rye-, Corn- und Tennessee-Whiskey auf dem Markt. An Marken existieren ca. 80 Bourbon-Whiskeys, ca. vier Tennessee-Whiskeys, etwa fünf Rye-Whiskeys, ca. acht Corn-Whiskeys und rund 35 Blended-Light-Whiskeys.

Heute hat ein **Mais-Whiskey** den Namen **Bourbon** und darf laut Vorschrift nur in den Vereinigten Staaten erzeugt werden. Seit 1969 sind die Herstellungsregeln gesetzlich festgelegt.

Einige bekannte „Bourbon-Whiskey"-Marken: Jack Daniels, George Dickel, Jim Beam, Old Crow, Early Time, Kentucky Tavern, Old Forester, Old Hickory, J. W. Dant, Benchmark, I. W. Harper, Medley's, Wild Turkey, Old Sunny Brook, Yellowstone, Four Roses.

Old Overhold ist ein Rye-Whiskey.

*In Kanada ist es erlaubt, andere Spirituosen oder Weine den einzelnen Verschnitten zuzusetzen.*

## Kanadischer Whisky

Der Whisky aus **Kanada** ist wohl der jüngste unter den Whiskys der traditionellen Erzeugerländer. Die Anfänge des Whisky-Brennens in Kanada liegen im letzten Viertel des 19. Jh.s. Der Pionier hieß **Hiram Walker**, der 1859 in Ontario mit dem Brennen von Whisky begann. Während der Whisky zur damaligen Zeit hauptsächlich fassweise verkauft wurde, füllte Walker erstmals einen Whisky in Flaschen und versah diese mit einem Etikett.

Ein weiterer Pionier war **Joseph F. Seagram**, der 1883 in Waterloo/Ontario eine Destillerie erwarb. Die Firma Seagram wurde 1928 an die Firma Bronfman verkauft, welche die Brennerei unter dem Namen „Seagram" weiterführte und nach dem Zweiten Weltkrieg der größte Spirituosenhersteller der Welt wurde.

Der kanadische Whisky ist kein Traditionsprodukt, wie dies der schottische, der irische und zum Teil auch der amerikanische Whisk(e)y sind.

1923 herrschte auch in Kanada die Prohibition, welche die Whisky-Hersteller zum Export zwang. Heute sind in Kanada ca. 40 Marken auf dem Markt.

Einige bekannte kanadische Whisky-Marken: Black Velvet, Canadian Club, Crown Royal, McGuinness, Seagram's VO, Windsor Canadian Supreme.

Kanadischer Whiskey wird nach einer speziellen Herstellungsmethode erzeugt.

## Japanischer Whisky

Die Whisky-Herstellung in **Japan** begann bereits zu Beginn der 20er-Jahre im 20. Jh. Die Versuche verliefen negativ. Als Begründer der japanischen Whisky-Produktion wird **Shinjiro Torii** betrachtet, der 1923 im Raum Kyoto die erste Destillerie bauen ließ. Von hier stammte der erste siebenjährige Suntory-Whisky „White Label". Im Lauf der folgenden Jahrzehnte wurden in Japan weitere Brennereien (Suntory, Nikka, Kirin, Takara, Shuzo und Okuba) errichtet.

1973 wurde in Hakasha von Suntory die größte Malt-Whisky-Distillery der Welt gebaut. Versuche, den schottischen Whisky durch Nachbau der Anlagen, durch Verwendung derselben Rohstoffe und Verfahren zu imitieren, scheiterten. Auch das Klima kann nicht imitiert werden. So bleiben die japanischen Whiskys fast ausschließlich auf Japan beschränkt, wobei jedoch zusätzlich beachtliche Mengen Whisky aus Schottland importiert werden. Für die Herstellung der Eigenwhiskys verwenden die Japaner große Mengen schottischen Whiskys zum Verschneiden.

Die Japaner haben viel Technik in die Whiskyproduktion gesteckt. Es ist jedoch nie gelungen, den schottischen Whisky zu imitieren.

Im Wirtschaftsteil einer österreichischen Tageszeitung vom 20. März 2015 wurde verlautbart, dass der japanische Konzern Suntory den amerikanischen Whiskey-Hersteller Beam für einen mehrstelligen Millionenbetrag erworben hat. Der neue Suntory-Beam-Konzern verfügt damit über ein gewaltiges Marktpotential und über einen beachtlichen Marktanteil.

Am 3. August 2015 war ebenfalls in einer österreichischen Tageszeitung zu lesen, dass die Firma Suntory beschlossen habe, noch im August 2015 10, 18 und 21 Jahre alte Whisky-Proben ins All zu schießen, um herauszufinden, wie japanischer Whisky in Schwerelosigkeit reift. Die Proben sollen mindestens ein Jahr auf der internationalen Raumstation gelagert werden. Auf die versprochenen Untersuchungs- und Verkostungsergebnisse sind wir alle sehr gespannt.

So viel zu dem Thema „Who is Who".

## Australischer Whisky

In **Australien** wurde bis 1920 fast ausschließlich Whisky aus Schottland importiert. Erst als die Besteuerung für ausländische Spirituosen spürbar erhöht wurde, versuchte man mit schottischen Rohstoffen und schottischem Know-how im eigenen Land verstärkt Whisky herzustellen. Der heimische Whisky konnte den schottischen jedoch nie verdrängen. Die Nachfrage ging in den 80er-Jahren des 20. Jh.s drastisch zurück, sodass inzwischen alle Hersteller die Produktion eingestellt haben.

1995 machte die letzte Brennerei der United Distillers zu. Während der Produktionsphase waren ca. 25 Whisky-Marken im Handel erhältlich.

## Deutscher Whisky

In **Deutschland** wurde in den 60er-Jahren des 20. Jh.s die Marke „Racke Rauchzart" überregional auf den Markt gebracht. Es handelt sich dabei um einen Blend aus schottischem Malt-Whisky und einheimischem Getreidebranntwein.

Von der früheren DDR her dürften vielen noch der „Jakob Stück Whisky" oder „Der Falkner" bekannt sein.

Seit 1983 gibt es in einem kleinen fränkischen Ort die „Erste deutsche Malzwhiskybrennerei", die „Blaue Maus". Robert Fleischmann gründete die zunächst regional bekannte Whisky-Brennerei und ist heute mit seinen Produkten weitum bekannt geworden. Daneben gibt es auch einige sehr erfolgreiche Grain-Whisky-Erzeuger in deutschen Landen. Mittlerweile existieren mehr als 30 Betriebe in ganz Deutschland, die erfolgreich Malt- und Grain-Whisky erzeugen.

Deutschland kann also nun, ca. 14 Jahre nach dem ersten Erscheinen dieses Buches, durchaus in die Reihe der Whisky erzeugenden Länder aufgenommen werden.

*Whisky von der ersten deutschen Malt-Whisky-Brennerei*

## Österreichischer Whisky

Auch **Österreich** sprang auf den Zug auf. 1995 begründete Johann Haider im Waldviertel im Ort Roggenreith die „1. Whiskydestillerie Österreichs". Da in dieser Gegend hauptsächlich Roggen angebaut wird, lag es auf der Hand, als Rohstoff für die Whisky-Produktion Roggen und Roggenmalz zu verwenden.

Heute sind es in ganz Österreich mehr als 20 Betriebe, die erfolgreich Malt-Whisky und Grain-Whisky herstellen.

So kann man mit Recht behaupten, dass auch in einem Land, das vor allem durch die Erzeugung seiner Stein- und Kernobstbrände, Beerenbrände und vor allem seiner Wurzelbände bekannt wurde und ist, die Erzeugung von Whisky erfolgreich Einzug gehalten hat.

*Im Waldviertel, in Roggenreith, wird anstelle von Gerstenmalz Roggenmalz zur Whisky-Herstellung verwendet. Im übrigen Österreich werden Gerste und Gerstenmalz sowie sonstige Getreidearten zur Herstellung von Malz- und Getreide-Whisky verwendet.*

## Schweizer Whisky

Auch die **Schweiz** hat sehr erfolgreich nachgezogen. Dort war nämlich seit dem Ende des Ersten Weltkrieges die Erzeugung von Trinkbranntweinen aus stärkehaltigen Rohstoffen für lange Zeit verboten.

Erst nach Änderung und Neuformulierung der entsprechenden Verordnung wurde 1999 die Verarbeitung von stärkehaltigen Rohstoffen (Kartoffeln und Getreide) zu Trinkbranntweinen gesetzlich legitimiert.

Es waren vorwiegend Bierbrauer, aber auch einige Obstbrenner, die diesen Schritt wagten und erfolgreich weiter beschritten. Einer der ersten war die Bauernhofbrennerei „Die Holle", die einen Whisky auf den Markt brachte, gefolgt vom „Brennereizentrum Bauernhof" in Baar. Heute sind es weit über 30 Betriebe, die sehr erfolgreich Malt- und Grain-Whisky erzeugen und auf den Markt bringen.

*Ein edler Gerstenwhisky aus der Burgdorfer Gasthausbrennerei*

# Schottische Whisky-Brennereien

Nach dem Ersten und vor allem nach dem Zweiten Weltkrieg erfolgten gravierende Einschnitte in die Whisky-Landschaft. Dies betraf hauptsächlich die Zahl der Brennereien. Betriebe wurden stillgelegt und öffneten später wieder, Betriebe wurden total liquidiert und abgerissen, Betriebe wurden fusioniert, neue Betriebe wurden gegründet, Whisky-Marken verschwanden aus der Palette und existierten nur mehr als Bestandteile von Vatted Malts, andere Sorten lagerten 15 bis 25 Jahre oder länger und tauchten plötzlich als Sonderabfüllung bei großen Händlern wieder unter dem alten Namen auf etc. Besonders auch die Zeit von 1890 bis 1930 kennzeichnet einen Abschnitt in der Whisky-Geschichte, in welchem zahlreiche Brennereien stillgelegt wurden. Es war die Zeit des Rückganges der Whisky-Produktion infolge der damaligen Weltwirtschaftskrise.

Es gibt somit eine ganze Reihe von alten Brennereinamen, die heute wieder auftauchen, obwohl die Brennereien längst geschlossen wurden. Der Grund dafür ist z. B., dass die Lagerhallen und Lagerhäuser, oft samt Inhalt, von anderen Betrieben unter dem alten Firmennamen als zusätzliches Lagerpotential genutzt wurden und werden. Kein Wunder also, dass es nie eine fixe Liste von Brennereien gab. Die nachfolgende Zusammenstellung soll Ihnen daher einen groben Überblick darüber bieten, wie die Whisky-Landschaft in etwa zwischen 1985 bis 2000 ausgesehen hat. Zu diesem Zeitpunkt waren in Schottland und Nordirland etwa 119 Brennereien in Betrieb, welche Malt-Whisky produzierten. Hinzu kamen etwa 19 bis 20 Grain-Whisky-Brennereien.

Man könnte auch eine Liste von nicht mehr produzierenden Brennereien anfügen, z. B. von 1772 bis 1978. Dies würde jedoch den Rahmen dieses Buches bei Weitem übersteigen und hat auch mit dem Titel des Buches nichts zu tun.

## Die Hauptregionen Schottlands, in welchen Malt-Whisky hergestellt wird:

- **Highland** (Hochland)
- **Lowland** (Tiefland, getrennt vom Hochland durch eine imaginäre Linie von Dundee am Tay im Osten bis Greenock am Clyde im Westen)
- **Speyside**
- **Islay**
- **Campbeltown** auf der Halbinsel Kintyre
- Inseln **Orkney, Skye, Mull, Jura, Arran** und vom Charakter her
- **Nordirland**

*Die Standorte der einzelnen Whisky-Brennereien in den Regionen Schottlands*

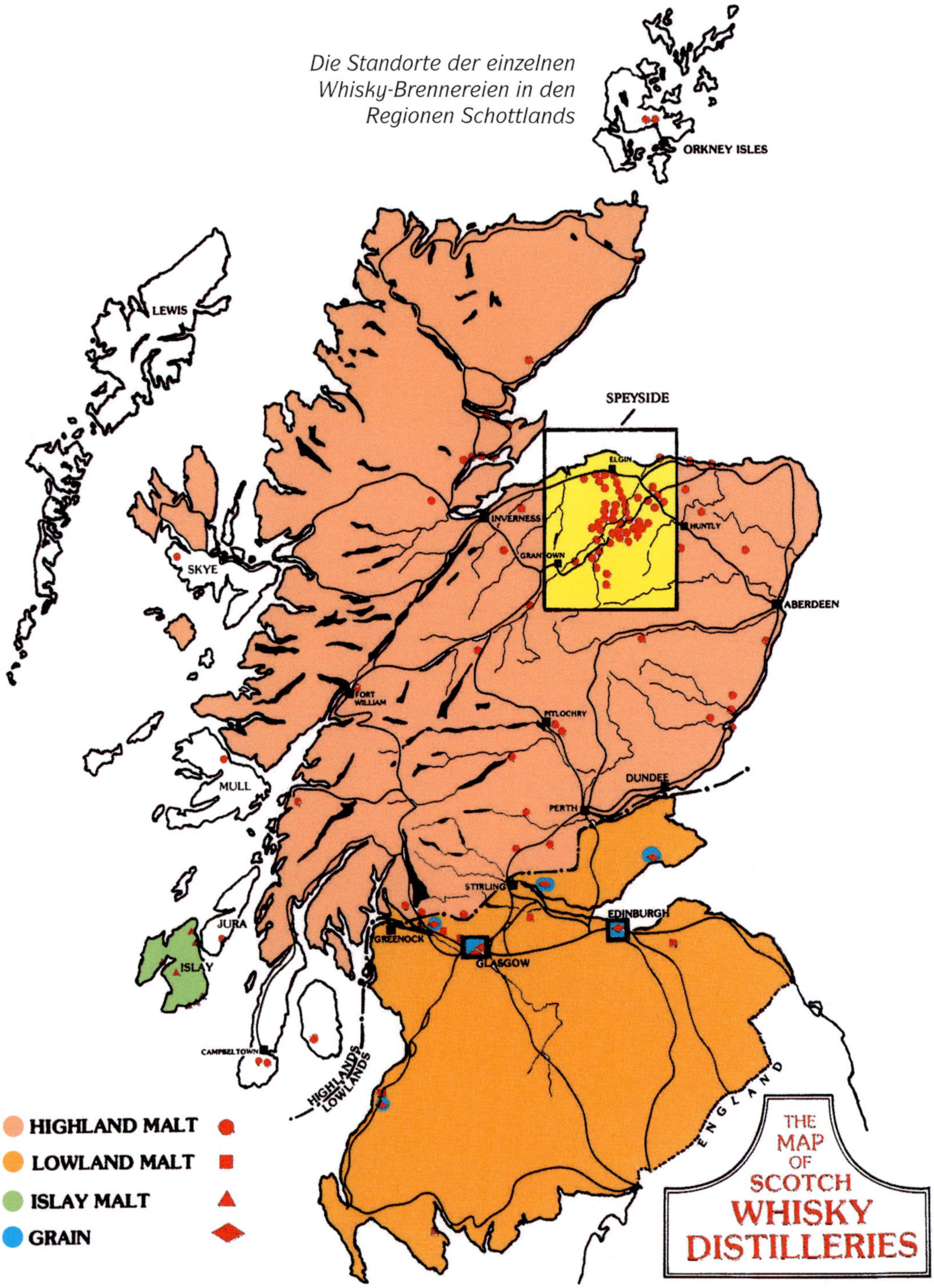

## Malt-Whisky-Brennereien in Schottland

| Das nördliche Highland (13 Brennereien) | | |
|---|---|---|
| **Name** | **Gründung** | **Ort** |
| Balblair | 1790 | Edderton |
| Clynelish | 1967/68 | Brora |
| Dalmore | 1939 | Alness |
| Dalwhinnie | 1897/98 | Dalwhinnie |
| Glen Albyn | 1846 | Inverness |
| Glen Mhor | 1892 | Inverness |
| Glenmorangie | 1843 | Tain |
| Glenordie | 1838 | Inverness |
| Millburn | 1807 | Inverness |
| Old Pulteney | 1826 | Wick |
| Royal Brackla | 1892 | Cowdor/Nairn |
| Teaninich | 1817 | Alness |
| Tomatin | 1897 | Tomatin |

| Das östliche Highland (10 Brennereien) | | |
|---|---|---|
| **Name** | **Gründung** | **Ort** |
| Banf | 1863 | Banff |
| Glencadam | 1825 | Brechin |
| Glen Deveron | 1962/63 | Banff |
| Glenesk | 1897 | Hillside |
| Glen Garioch | 1798 | Old Meldum |
| Glenugie | 1831 | Peterhead |
| Glenury-Royal | 1825 | Stonehaven |
| North Port | 1820 | Brechin |
| Old Fettercairn | 1824 | Fettercairn |
| Royal Lochnagar | 1826 | Balmoral |

| Das südliche Highland (8 Brennereien) | | |
|---|---|---|
| **Name** | **Gründung** | **Ort** |
| Aberfeldy | 1830 | Aberfeldy |
| Blair Athol | 1798 | Pitlochry |
| Deanston | 1965/66 | Doune |
| The Edradour | 1837 | Pitlochry |
| Glengoyne | 1833 | Dumgoyne |
| The Glenturret | 1775 | Crieff |
| Inchmurrin | 1965/66 | Alexandria |
| Tullibardine | 1949 | Blackford |

| Das westliche Highland (3 Brennereien) | | |
|---|---|---|
| **Name** | **Gründung** | **Ort** |
| Ben Nevis | 1825 | Lochy Bridge |
| Glenlochy | 1898 | Fort Williams |
| Oban | 1794 | Oban |

| Die Lowland-Brennereien (8 Brennereien) | | |
|---|---|---|
| **Name** | **Gründung** | **Ort** |
| Auchentoshan | 1800 | Old Kilpatrik |
| Bladnoch | 1817 | Bladnoch |
| Glenkinchie | 1837 | Pencaitland |
| Inverleven | 1938 | Dumbarton |
| Kinclaith | 1957/58 | Glasgow |
| Littlemill | 1772 | Bowling |
| Rosebank | 1840 | Falkirk |
| St. Magdalene | 1798 | Linlithgow |

| Die Speyside-Brennereien (50 Brennereien) | | |
|---|---|---|
| **Name** | **Gründung** | **Ort** |
| Aberlour-GL.* | 1826 | Aberlour |
| Ardmore | 1898/99 | Kennethmont |
| Aultmore | 1896 | Keith |
| Balmenach | 1824 | Cromdale |
| The Balvenie | 1892 | Dufftown |
| Benriach-GL. | 1898 | Longmorn |
| Benrinnes | 1835 | Aberlour |
| Benromach | 1898 | Forres |
| Caperdonich | 1898 | Rothes |
| Cardhu | 1824 | Knockando |
| Coleburn | 1897 | Longmorn |
| Convalmore | 1894 | Dufftown |
| Cragganmore | 1869/70 | Ballindalloch |
| Craigellachie | 1891 | Craigellachie |
| Dailuaine | 1899 | Carron |
| Dallas Dhu-GL. | 1899 | Forres |
| The Dufftown | 1896 | Dufftown |
| Glenallachie | 1967/68 | Aberlour |
| Glenburgie-GL. | 1829 | Forres |
| Glendronach | 1826 | Huntly |
| Glendullan | 1897/98 | Dufftown |
| Glen Elgin | 1898/1900 | Longmorn |
| Glenfarklas-GL. | 1836 | Ballindalloch |
| Glenfiddich-GL. | 1886/87 | Dufftown |
| Glenglassaugh | 1875 | Glassaugh |
| Glen Grant-GL. | 1840 | Rothes |
| Glen Keith-GL. | 1957/60 | Keith |
| „The Glenlivet“ | 1858 | Glenlivet |
| Glenlossie | 1876 | Elgin |
| Glen Morray-GL. | 1878 | Elgin |

| Die Speyside-Brennereien (50 Brennereien) | | |
|---|---|---|
| **Name** | **Gründung** | **Ort** |
| Glen Rothes-GL. | 1878 | Rothes |
| Glen Spey-GL. | 1878 | Rothes |
| Glentauchers | 1898 | Mulben |
| Imperial-GL. | 1897 | Carron |
| Inchgower | 1871 | Buckie |
| „Knockando“ | 1898 | Knockando |
| The Knockdhu | 1893/94 | Knock |
| Linkwood | 1824 | Elgin |
| Longmorn-GL. | 1994/95 | Longmoon |
| „The Macallan“ | 1824 | Craigellachie |
| Miltonduff-GL. | 1824 | Elgin |
| Mortlach | 1823 | Dufftown |
| Pittyvaich-GL. | 1974 | Dufftown |
| The Singleton of Auchroisk | 1974 | Mulben |
| Speyburn | 1897 | Rothes |
| Strathisla-GL. | 1786 | Keith |
| Tamdhu-GL. | 1896/97 | Knockando |
| Tamnavulin-GL. | 1965/66 | Ballindalloch |
| Tomintoul-GL. | 1964/65 | Ballindalloch |
| The Tormore | 1958/60 | Advie |

* GL = Glenlivet

| Die Islay-Brennereien (8 Brennereien) | | |
|---|---|---|
| **Name** | **Gründung** | **Ort** |
| Ardbeg | 1794 | Ardbeg |
| Bowmore | 1770 | Bowmore |
| Bruichladdich | 1881 | Port Charlotte |
| Bunnahabhain | 1881 | Bunnahabhain |
| Caol Ila | 1846 | Port Askaig |
| „Lagavulin“ | 1816 | Port Ellen |
| Laphroaig | 1826 | Port Ellen |
| „Port Ellen“ | 1825 | Port Ellen |

Die Insel Islay ist berühmt als die fruchtbarste Insel der Hebriden. Es wächst viel Gerste, es gibt viel Torf und eine unerschöpfliche Anzahl an Bächen mit weichem Wasser.

| Die Campbeltown-Brennereien (3 Brennereien) | | |
|---|---|---|
| **Name** | **Gründung** | **Ort** |
| Glen Scotia | 1832 | Campbeltown |
| Longrow | 1824 | Campbeltown |
| Springbank | 1830 | Campbeltown |

| Die Insel-Brennereien (5 Inseln, 6 Brennereien) | | |
|---|---|---|
| **Name** | **Gründung** | **Ort** |
| *Isle of Jura*<br>Isle of Jura | 1810,<br>1960 | Isle of Jura |
| *Isle of Mull*<br>Tobermory (Ledaig) | 1798,<br>1990 | Isle of Mull |
| *Isle of Skye*<br>Talisker | 1830/33 | Isle of Skye, Carbost |
| *Isle of Orkney*<br>Highland Parc<br>Scapa | 1795<br>1885 | Isle of Orkneys, Kirkwall<br>Isle of Orkneys, Kirkwall |
| *Isle of Arran*<br>Lochranza | 1991 | Isle of Arran |

| Nordirische Brennereien | | |
|---|---|---|
| **Name** | **Gründung** | **Ort** |
| Bushmills | 1743/1784/1608 | County Antrim |
| Kilbeggan | 1757 | County Westmeath |

Diese beiden Brennereien beanspruchen jeweils für sich, die älteste Brennerei der Welt zu sein. Die Old-Bushmills-Brennerei wurde laut vorhandenen Quellen erstmals 1743 erwähnt und 1784 offiziell gegründet. Die Brennerei selbst verwendet als Gründungsdatum das Jahr 1608. Dieses Datum bezieht sich auf die erste Ausgabe einer Lizenz zum Whiskybrennen im County Antrim. Die Kilbeggan Brennerei, bekannt auch als Locke's Distillery, wurde 1757 gegründet und erhielt die Lizenz für das County Westmeath. Weitere Daten verlieren sich im Dunkel der Geschichte.

## Grain-Whisky-Brennereien in Schottland

Die 14 Grain-Whisky erzeugenden Brennereien liegen mit Ausnahme von Invergordon in den Lowlands:

| Name | Gründung | Ort |
|---|---|---|
| Ben Nevis | 1878 | Locky Bridge |
| Caledonian | 1855 | Edinburgh |
| Cambus | 1806/1830 | Cambus |
| „Cameronbridge" | 1824 | Windygates |
| Carsebridge | 1800/1845 | Alloa (stillgelegt 31. 03. 1983) |
| Dumbarton | 1957 | Dumbarton |
| Girvan | 1962 | Girvan |
| Invergordon | 1961 | Invergordon |
| Lochside | 1957 | Montrose |
| Moffat | 1964 | Airdrie |
| North British | 1185 | Edinburgh |
| North of Scotland | 1958 | Cambus |
| Port Dundas | 1827 | Glasgow |
| Strathclyde | 1927 | Glasgow |

Der Titel des Buches lautet „Whisky – Selbst gemacht!" Trotzdem sollen hier noch einige Anmerkungen zur Whisk(e)y-Herstellung in den schottischen und irischen Brennereien folgen. Den vorstehenden Ausführungen ist zu entnehmen, wie vielfältig die Geschichte der Whisk(e)y-Brennereien in Schottland und Irland ist. Der Whisky jeder einzelnen Brennerei ist ein Unikat, die Qualität ist von vielen Faktoren abhängig.

Manche Leser mögen erwarten, dass hier die Herstellungsmethoden jeder einzelnen Brennerei aufgeführt und erklärt werden. Dies ist aus vielen Gründen unmöglich – es soll daher versucht werden, Methoden zur Herstellung von Malt- und Grain-Whisk(e)y so einfach wie möglich zu erklären, sodass auch Leute ohne entsprechende Vorbildung ein akzeptables Produkt herstellen können. Und dies mit Geräten und Methoden, die in unseren Landen verfügbar und üblich sind. Auf die Wichtigkeit des Rohstoffes Wasser wurde besonderer Wert gelegt. Dies gilt auch für den Rohstoff Hefe und den Hilfsstoff Holz. Wichtig ist dem Autor auch, das Verständnis für die einzelnen Arbeitsgänge zu vermitteln, damit der Erzeuger weiß, was hinter den Kulissen abläuft und warum wir dieses und jenes machen sollten.

Informationen zur Beschaffung von Brenngeräten, Holzgebinden, Heferassen und Hefestämmen, Fragen zur Beschaffung von Malzen und Rohfruchtarten können im Fachhandel oder in Fachgeschäften eingeholt werden.

# Whisky-Bezeichnungen in Schottland

## Grundsätzliche Einteilung

**Malt-Whisky** Aus 100 % Malz hergestellt = Pure Malt
Wenn hier von Malz gesprochen wird, ist stets **Gerstenmalz** gemeint. Wenn dagegen **Weizen, Roggen** oder **Hafer** zur Malzherstellung verwendet werden, so sollte diese Getreideart sehr wohl bei der Bezeichnung erwähnt werden, z. B. **Roggenmalz-Whisky.** Dies ist auch deshalb wichtig, da jede Getreideart einen spezifischen Geschmack ergibt und sich solche Produkte deutlich vom üblichen **Gerstenmalz-Whisky** unterscheiden.

**Grain-Whisky** Aus 85–90 % Rohfrucht hergestellt (Gerste, Weizen, Roggen, Hafer, Mais)

**Blended-Whisky** Ein Gemisch aus Malt- und Grain-Whisky, wobei der Malt-Anteil 5–75 % betragen kann und bis zu 50 verschiedene Malt-Whiskys in einem Blend enthalten sein können.
In der Regel sind in einem Blend auch zwei bis drei Grain-Whiskys enthalten.
Je höher der Malzanteil in einem Blend und je älter die Malts sind, desto teurer ist der Blended-Whisky.
Grain-Whisky ist wesentlich geschmacksneutraler als Malt-Whisky.
Der Gehalt an Aromastoffen beträgt lediglich 25–30 % verglichen mit Malt-Whisky.

Die Unterschiede zwischen „Blended Whisky“ und „Vatted Whisky“ sollten jedem Whisky-Genießer geläufig sein.

**Vatted-Whisky** Im Gegensatz zu dem Begriff „Blended Whisky“ versteht man unter dem Begriff „Vatted Whisky“ stets ein Gemisch ver-

schiedener Malt-Whiskys. Andrew Usher, der gerne als der Begründer des Blending bezeichnet wird, war der Erste, der Gemische von Malt-Whisky zum Verkauf brachte. Er war somit der Begründer des Vattings.
Im Gegensatz dazu könnte man E. V. Sanderson als den Erfinder des Blendings bezeichnen. Über das Produkt VAT 69 sind viele Geschichten im Umlauf. Fest steht, dass der VAT 69 ein Gemisch aus Malt und Grain, somit ein echter Blend, ist und dass Sanderson wohl der Erste war, der Whisky auf Flaschen füllte und so in den Handel brachte (1882).

## Mögliche Bezeichnungen von MALT-Whiskys

Malt-Whisky kann folgendermaßen bezeichnet werden:

- **Malt-Whisky**
- **Scotch-Malt-Whisky**
- **All-Malt-Whisky**
- **Unblended-Malt-Whisky**
- **Pure-Malt-Whisky**

Letztere sind meist Vatted-Malt-Whiskys, welchen als Herkunftsbezeichnung noch die Region beigefügt werden kann, z. B. „Highland Scotch Whisky Pure Malt".

Eine vergleichende Verkostung derartiger Whiskys bringt hochinteressante Unterschiede ans Licht!

**Single-Malt-Whisky** Malt-Whisky einer einzigen Destillerie, welcher meist mindestens acht Jahre gereift ist.

**Vatted-Malt-Whisky** Gemische von Malt-Whiskys verschiedener Destillerien, z. B. aus einer Region.

**Single Cask** So bezeichnet man Whisky, wenn – im Gegensetz zum Single Malt – der Inhalt eines einzigen Fasses in Flaschen gefüllt wird.

**Cask-Strength-Whisky** Unfiltrierte, unverdünnte Abfüllung eines einzigen Fasses (50–65 % vol. Alkohol).

**Mögliche Bezeichnungen von GRAIN-Whiskys**

**Single-Grain-Whisky** Es gibt einige Single-Grain-Whiskys. Derzeit sind 10–12 Grain-Whisky-Brennereien in Betrieb.

# Herstellung von Malt-Whisky in Schottland

Die Whiskyproduktion von der Destillation bis zum Ende der Lagerung steht in Schottland unter strenger behördlicher Überwachung. Auch die Steuern sind beachtlich. Im Folgenden soll nun die Herstellung von Malt-Whisky bis hin zur Lagerung, Reifung und Abfüllung beschrieben werden. Der Produktionsprozess umfasst folgende Arbeitsschritte:

- **Malting** (Mälzen)
- **Brewing** (Brauen)
- **Fermentation** (Vergärung)
- **Distillation** (Destillation)
- **Maturation** (Reifung)
- **Filling, Labeling** (Abfüllung und Etikettierung)

Zur Herstellung von Malt-Whisky in Schottland sind folgende Rohstoffe im Einsatz:

- **Wasser** Quellen, Brunnen, Bäche, Seen
- **Gerste** Diese wird in der Mälzerei zu Malz verarbeitet.
- **Hefe** Hefe spaltet bei der Vergärung Zucker in Alkohol, $CO_2$, Wärme und Gärungsnebenprodukte auf.
- **Torf** Dieser wird teilweise zum Trocknen des Malzes verwendet.
  Er verleiht dem Malz den rauchigen Geschmack, **Rauchmalz** → Rauchwhisky.

Für den Fachmann sind die in zahlreichen Whisky-Büchern beschriebenen Technologien eher unverständlich und mangelhaft. Im Folgenden soll daher in einfachen, auch für den Laien verständlichen Worten die Herstellung von schottischem Whisky dargestellt werden.

*Das Wasser sollte auf alle Fälle Trinkwasserqualität haben und nach Möglichkeit eher niedrige Härtegrade aufweisen.*

*Typische Sommergerste mit langen Grannen zur Herstellung von Gerstenmalz*

Früher gehörte zu jeder Brennerei eine eigene Mälzerei. Lange Zeit waren es hauptsächlich Tennenmälzereien mit sogenannten Malztennen oder Malzböden. Diese Art der Keimung war sehr arbeits- und personalintensiv. Daher stellte man später, besonders in Großbetrieben, auf eine automatisierte Keimung um, bei welcher das Wenden und die Belüftung des keimenden Getreides automatisiert wurden. Auch die Vorgänge des Ausweichens und des Haufenziehens (Förderung auf die Darre) wurden automatisiert und waren mit weniger Arbeitskraft verbunden. Solch automatische Anlagen waren Keimkästen (Saladinkästen) oder Malztrommeln oder auch Kropfkästen (hier wird das sogenannte Kohlensäurerastverfahren betrieben).

Im Lauf der Jahre hörten viele Kleinbetriebe auf, selbst zu mälzen, und bezogen ihr Malz (ganz oder teilweise) von Handelsmälzereien. Hier konnte und kann Malz in jeder gewünschten Qualität bezogen werden (Farbe, Grad der Räucherung etc.). Es existieren daher nur mehr wenige Betriebe, z. B. Highland Park auf den Orkneys, mit eigener Tennenmälzerei (*malting floors*). Einige haben eine Malztenne nur mehr zu Schauzwecken hergerichtet.

*Torf wird zum Erzeugen des Rauchmalzes benötigt.*

## Malting – Mälzen (Malzherstellung)

Der Sinn der Mälzerei ist die Erzeugung von Enzymen, welche wir später im Sudhaus benötigen, um die Stärke des Getreidekornes in Zucker umzuwandeln.

Der Sinn des Mälzens ist die Erzeugung von Enzymen (Katalysatoren), die wir während des Maischens dringend benötigen, um die Stärke des Getreides in Zucker umzuwandeln.

Der **Mälzungsprozess** setzt sich aus drei Vorgängen zusammen:

- Weichen
- Keimen
- Darren

### Weichen – Steeping (Weichprozess)

Hierbei wird der Gerste Wasser zugeführt, um den für den nachfolgenden Keimprozess erforderlichen Feuchtigkeitsgehalt zu erreichen.

**Dauer:** ca. 12 Stunden
**Weichtemperatur:** 10–15 °C
**Nassweiche:** 2 x ca. 2–3 Stunden (Gerste liegt unter Wasser)
**Trockenweiche:** 2 x ca. 3 Stunden (Gerste liegt ohne Wasser und beginnt zu atmen)

Der Wassergehalt wird während dieses Prozesses von 10–15 % auf 40–50 % erhöht. Am Ende des Weichprozesses soll das Korn „spitzen", d. h., der Wurzelkeim soll schon sichtbar sein.

### Keimen – Germinating (Keimprozess)

Während des Keimprozesses, der sechs bis acht Tage dauert, werden die notwendigen Enzyme gebildet. Die Voraussetzung zum Keimen sind die **drei Keimfaktoren**:

- Feuchtigkeit (40–50 % Wasser)
- Wärme (10–20 °C)
- Luftsauerstoff (Wenden)

Die Keimung kann auf ebenen Malztennen (*malting floor*), in Keimkästen (*malting box*) oder in Keimtrommeln (*malting drum*) durchgeführt werden. Beim Keimen entsteht Wärme, die durch Wenden des Keimgutes zum Teil wieder abgeführt werden muss, um den Enzymbildungsprozess besser steuern zu können. Parallel

*Links: Tennenmälzerei – Umschaufeln der Gerste*

*Rechts: Automatischer Malzwender und Malzschaufeln*

*Unten: Kastenmälzerei – hier wird die Gerste gekeimt und automatisch befeuchtet und gewendet.*

zur Enzymbildung entstehen Blattkeim und Wurzelkeim (*acrospire* und *radicle*), die optisch das Stadium der Keimung anzeigen.

Das nach ca. acht Tagen vorliegende Ergebnis nennt man Grünmalz (*green malt*). Es besitzt diverse Enzyme, der harte Mehlkörper wurde weicher (mürber), der Wassergehalt liegt immer noch bei ca. 40 % und die Wurzelkeime sind frisch und fest. Grünmalz riecht wie Gurkensalat. Um das Grünmalz haltbar zu machen, ist es notwendig, dem Korn den hohen Wassergehalt nun wieder zu entziehen, d. h., es schonend zu trocknen. Dies geschieht in der dritten Abteilung der Mälzerei.

### Darren – Kiln drying (Trocknungsprozess)

Hierbei wird das Grünmalz 30–60 cm hoch auf gelochte oder geschlitzte Blechböden aufgeschichtet und mittels der Heizgase der Feuerung bei 75–80 °C im Verlauf von ca. 12–14 Stunden langsam auf einen Wassergehalt von 3–5 % heruntergetrocknet.

Früher diente in Schottland als Heizmaterial für die Darren ausschließlich Torf (*peat*). Die Rauchabgase der Feuerung gehen direkt durch die zu trocknende Malzschicht, wodurch das Malz das typische Raucharoma (*fully peated*) erhält und zwangsläufig auch der daraus hergestellte Whisky. Heute haben speziell die Whiskys der Insel Islay dieses ausgeprägte Raucharoma. In schwächerer Form haben viele Vatted-Malt-Whiskys diesen Touch von Rauchmalz. Dies wird erreicht, indem nicht mit 100 % Torf geheizt wird, sondern mit Koks oder Kohle, wobei nur geringe Torfmengen beigefügt werden. Bei Whisky-Malz muss man also unterscheiden zwischen direkt abgedarrtem „Rauchmalz“ mit starker, mittlerer oder schwacher Torfverwendung und direkt abgedarrtem, normalem Malz ohne Torfverwendung.

Torf war früher nicht nur Heizmaterial für Wohnungen und Häuser, sondern wurde auch bei Darren zum Trocknen von feuchtem Grünmalz verwendet.

Um den Begriff „Rauchmalz“ besser zu verstehen, muss die Frage „Was ist Torf?“ unbedingt beantwortet werden.

**Torf** ist ein organisches Sediment, das man z. B. in Hochmooren findet und das je nach Alter aus zersetzten Heidekrautgewächsen, Moosen, Farnen, Binsen, Gräsern usw. besteht. Hochmoore sind Tausende von Jahren alt. Nach Abholzung der Wälder entstanden Viehweiden, Sümpfe und Moore. Diese trockneten aus und es bildete sich eine oft mehrere Meter dicke Torfschicht. Torf ist die

*Links: Torflager bei einer Darre in einer schottischen Brennerei*

*Rechts: Malz auf der Darre*

*Unten: Darrfeuerung – Koks und Torf zum Trocknen des Grünmalzes*

Vorstufe der Kohlebildung, besitzt einen geringen Heizwert, wird aber, da er billig ist, immer noch zu Heizzwecken verwendet. Die nächste Stufe von Torf wäre Braunkohle, welche im Tagbau gewonnen wird. Die wesentlich härtere Form ist die Steinkohle, die in größeren Tiefen abgebaut wird und deren Gewinnung wesentlich schwieriger und teurer ist als jene der Braunkohle.

Da das einzige preiswerte Heizmaterial in Irland und Schottland zur damaligen Zeit Torf war, wurde dieser nicht nur zu Heizzwecken in den Häusern, sondern auch zum Trocknen des Gerstenmalzes verwendet. Wie schon erwähnt, war das erste bekannte Malz daher Rauchmalz und der daraus hergestellte Whisky eben ein Rauchwhisky. Da diese Länder viele Heidemoore besitzen, ist der dortige Torf zum Teil sehr aromatisch. In Schottland sind z. B. drei Heidekrautarten heimisch: die *Erica tetralix*, die *Erica cinerea* und die *Calluna vulgaris*.

Man vermutet, dass beim Darren Heidekrautaromen vom Malz aufgenommen werden. Auch glauben viele Schotten, dass, da das Quellwasser oder Bachwasser oft durch Heidemoore fließt, die

*Ein Hochmoor mit reichlich Heidekrautvegetation*

Heidekrautaromen vom Wasser aufgenommen werden und dann später beim Mälzen und beim Maischen an Malz und Maische abgegeben werden. Manche Whiskys haben in der Tat ein sehr blumiges Aroma, das an Heide, Farn, aber auch leicht an Rosen und Moose erinnert.

Der Rauchgeschmack des Whiskys wird vorwiegend durch Phenole erzeugt.

Mithilfe der modernen Analytik (GCMS, HPLC etc.) wäre es nicht schwer, den Nachweis zu erbringen, ob Aromen von Torf und Wasser über das Malz und die Maische wirklich in den Whisky gelangen. Das wichtigste Aroma der Rauchwhiskys stammt natürlich von den Rauchgasen, die durch das Malz streichen. Es sind dies **Phenole**, die diesen Rauchgeschmack vermitteln. Heute kann sogar der Phenolwert relativ genau eingestellt werden. 1–5 ppm Phenole im Malz bezeichnet man als **„leicht getorft"**, 10–20 ppm als **„mittel getorft"** und 30–60 ppm als **„stark rauchige Variante"**. Es sind sogar Bestrebungen im Gange, die 100–200 ppm Phenole im Malz vorsehen. Diese Whiskys werden reinsortig wahrscheinlich nur von Liebhabern getrunken und hauptsächlich zum Blenden verwendet werden.

Das abgedarrte (getrocknete) Malz wird nun in speziellen Maschinen (*malt cleaner*) von den Malzkeimen befreit, welche als Viehfutter verkauft werden. Das entkeimte Malz wird in Silos gelagert und gelangt dann an die Brennereien zur weiteren Verarbeitung.

## Whisky-Herstellung

In der Brennerei werden nun in der ersten Abteilung zwei Rohstoffe, nämlich Malz und Wasser, gemeinsam verarbeitet, um den Inhalt des Malzkornes in Malzzucker zu überführen. Dies geschieht im Sudhaus mithilfe der beim Mälzen gebildeten Enzyme und geeigneten Temperaturen.

### Brewhouse (Sudhaus)

Das Malz gelangt aus den Malzsilos über eine Malzputzerei (*dressing machine*) und eine Waage (*weighing machine*) zur Schrotmühle (*grinding mill*), wo es grob und fein gemahlen wird (Spelzen, Grobgrieß, Feingrieß, Mehl) und als Schrot (*grinded malt*) in ein Schrotsilo (*grind silo*) gelangt.

Nun folgt im *mash house* (Sudhaus) die Mischung von Schrot und Wasser (1 : 4 bis 1 : 5) im Maischbottich (*mash tun*). Hier erfolgt nun bei Temperaturen von 60–75 °C die Umwandlung von

*Links:*
*Einmaischen:*
*Malzschrot + Wasser = Maische*

*Unten:*
*Vorne Maischbottich, rechts Malzmühle, dahinter hölzerne Gärbottiche*

Stärke kann von der Hefe nicht zu Alkohol verarbeitet werden. Dafür benötigen wir die stärkeabbauenden Enzyme, die beim Mälzen gebildet werden (Amylasen).

Malzstärke in Malzzucker, die sogenannte Verzuckerung (*saccharification*) mithilfe der stärkeabbauenden Enzyme (Amylasen). Der Prozess dauert ca. zwei bis drei Stunden.

Anschließend wird die klare Zuckerlösung, die wir nun Würze (*wort*) nennen, von den Trebern (*spent grains*) getrennt, welche ebenfalls als Viehfutter verkauft werden. Die Trennung von Würze und Trebern geschieht durch den Abläuterprozess (Filtration über geschlitzten Boden des Maischbottichs). Die Würze (ca. 70 °C) fließt über ein Zwischengefäß (*underback*) und gelangt über einen Kühlapparat (*cooler*) in die nächste Abteilung, den Gärraum (*tun room or fermentation room*).

*Geschlitzter Läuterboden des Maischbottichs*

## Fermentation Room (Gärraum)

Hier wird die auf 18–24 °C abgekühlte Würze (filtrierte Malzzuckerlösung) in große, hölzerne Gärbottiche (*fermenting backs*) gepumpt. Heute sind die Gärgefäße in vielen Brennereien bereits aus Edelstahl ($V_2A$, 3401). Die Größe der Gärbottiche schwankt zwischen 5.000 und 40.000 l.

Hefe ist einer der wichtigsten Rohstoffe. Ohne Hefe keine Alkoholerzeugung!

*Gärraum; Gärbottich mit $CO_2$-Absaugung und Rührwerk*

*Gärraum; Gärbehälter mit gärender Würze; die Gärbottiche sind oben offen, es findet eine Warmgärung statt.*

Nun wird der dritte Rohstoff, die Hefe (*yeast*), zugesetzt und es beginnt die Vergärung (*fermentation*). Die Hefe wird als Hefemaische oder auch als Presshefe zugesetzt (0,5 kg auf 100 l Maische). Die Gärung dauert zwei bis drei Tage und erfolgt bei Temperaturen von 10–20 °C. Die vergorene Maische, die einen Alkoholgehalt von 5–10 % vol. aufweist, bezeichnet man als *wash*. Die Gärung verläuft obergärig (*top fermentation*), d. h., die verwendete Hefe ist eine obergärige Hefe (*Saccharomyces cerevisiae*), die höhere Temperaturen braucht als untergärige.

**INFO Gärungsgleichung**

Zucker + Hefe → Ethylalkohol + Kohlendioxid + Wärme + Gärungsnebenprodukte

$C_6H_{12}O_6$ + Hefe → 2 $C_2H_5$-OH + 2 $CO_2$ + 22 kcal + Aromastoffe (GNP) im Bereich von mg/l bzw. µg/l

Fehler beim Mälzen können bei der Vergärung nicht mehr ausgeglichen werden und auch kaum durch eine ganz spezifische Maischarbeit.

Je besser die Verzuckerung im Sudhaus, desto mehr Zucker wird gebildet. Je mehr Zucker, umso besser ist die Ausbeute bei der Vergärung, d. h. umso mehr Alkohol und umso mehr Aromastoffe werden bei der Vergärung gebildet. Nach Beendigung der Gärung gelangt die vergorene Maische zur Destillation.

### Stillhouse (Destillierhaus)

Die Destillation von Malt-Whisky erfolgt nach der Blasenmethode, dem **Pot-Still-Verfahren**, d. h., es wird mit zwei Destillierblasen (siehe Schema auf S. 49) gearbeitet. Die Rohbrandblase (*wash still*) wird mit reifer vergorener Maische (*wash*) befüllt und der sogenannte Rohbrand (*low wines*) wird erzeugt.

Der Alkoholgehalt des Rohbrandes beträgt ca. 20–30 % vol. Die verbleibende Schlempe (*burnt ale* oder *pot ale*) wird als Viehfutter verwendet, getrocknet, kompostiert oder einfach abgeleitet.

Vom Rohbrandsammelgefäß (*low wines charger*) gelangt der Rohbrand in die Feinbrandblase (*spirit still*). Bei dem nun folgenden Feinbrand werden die unedlen, flüchtigen Bestandteile im Vorlauf und Nachlauf abgetrennt und nur der saubere Mittellauf (*middle cut*) mit einer Konzentration von 65–70 % vol. Alkohol fließt über eine Vorlage (*spirit receiver*) in einen Glaskasten (*sample safe*) und dann in den Vorratsbehälter (*spirit safe*).

Die Herstellung von Rohbrand und Feinbrand dauert je nach Konstruktion der Anlage sechs bis acht Stunden. Die Form der Brennblasen ist äußerst unterschiedlich und auch die Größe schwankt zwischen 1.000 und 10.000 l. Meist ist die *wash still* größer als die *spirit still*. Als Material für Blasen, Kühler, Geistrohre etc. ist fast ausschließlich Kupfer im Einsatz. Die Form des Helms ist entscheidend für den Charakter des Destillats (viel oder wenig Aromastoffe).

Es ist die Kunst des Brennmeisters (*stillman*), für Gleichmäßigkeit beim Destillieren zu sorgen und eine sorgfältige Abtrennung von Vorlauf (*foreshots*), Mittellauf (*middle cut*) und Nachlauf (*feints* oder *spent lees*) zu bewerkstelligen.

### Warehouse (Lagerung und Reifung)

Der frisch destillierte Mittellauf („Baby Whisky") besitzt in der Regel eine Alkoholkonzentration von 115–120 °Proof (65–69 % vol. Alkohol) und ist wie alle frischen Destillate farblos, scharf, unrund und unharmonisch. Er wird, nachdem er aus dem *spirit safe* in den Lagerraum gepumpt wurde, zunächst mit dem Quellwasser der Brennerei auf ca. 100 °Proof verdünnt (ca. 62 % vol.) und unter Zollaufsicht in die hölzernen Lagerfässer gefüllt.

Kleinere Brennereien füllen den „Baby Whisky" aus den Receivern direkt in Fässer. Größere Betriebe sammeln die Mittellaufdestillate aus mehreren Produktionen in einem großen Behälter (*spirit vat*). Hier findet eine erste Egalisierung statt. Anschließend wird das Gemisch in Fässer gefüllt (*butt, hogshead, barrel*). Danach beginnt die Lagerung, welche laut Gesetz mindestens drei Jahre dauern muss (Customs and Excise Act, 1952 § 243, Ib). Der dreijährige Whisky kommt normalerweise nicht als „Single Malt" auf den Markt, sondern wird zum Blenden verwendet. Single-Malts reifen in der Regel acht bis 20 Jahre.

„Safe“-Vorrichtung zum Trennen von Vor-, Mittel- und Nachlauf

Pot-Still-Anlage (Destillierblasen)

**Die Geschwindigkeit der Reifung im Fass hängt von folgenden Faktoren ab:**

- Qualität und Zusammensetzung des Destillats
- Temperatur und Luftfeuchtigkeit des Lagerraumes
- Holzqualität
- Fassgröße

Je größer das Fass ist, umso länger dauert auch die Reifung. Sie kann z. B. in einem 140-l-Fass sechs bis acht Jahre, in einem 300-l-Fass bereits acht bis zehn Jahre und in einem 500-l-Fass durchaus 12–14 Jahre benötigen. In älteren, schon mehrfach

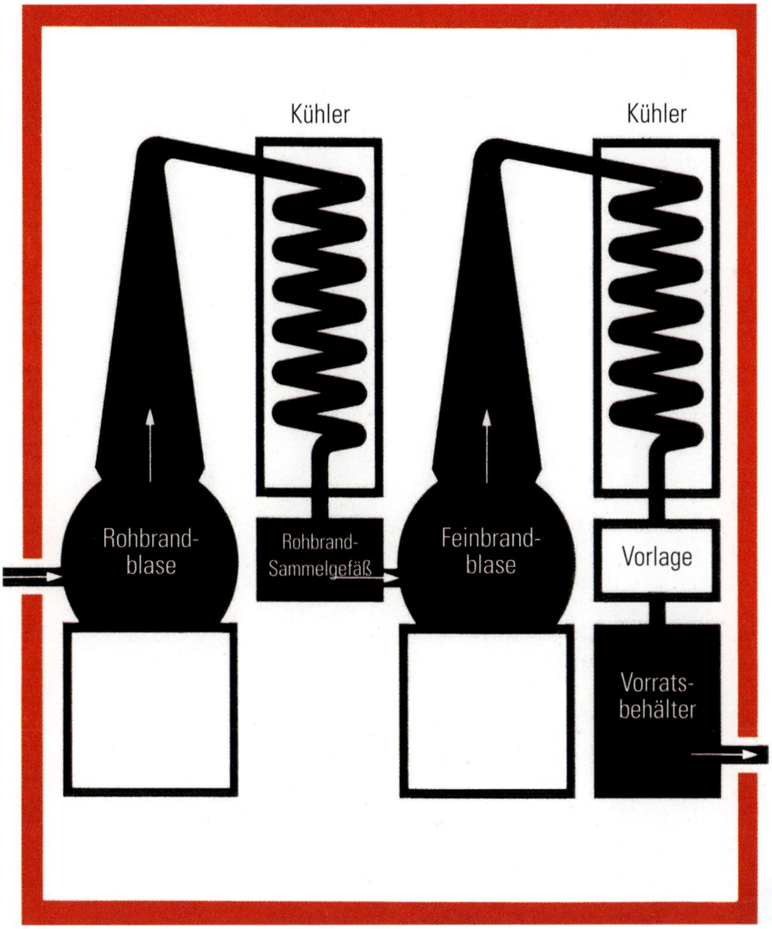


*Die schematisch abgebildete Pot-Still-Anlage ist eine 2-Blasen-Anlage mit kegelförmigen Helmen.*

*Die Fasslagerung muss mindestens drei Jahre dauern.*

gebrauchten Fässern nimmt der Whisky kaum noch Farbe aus dem Holz auf und die gelagerten Destillate sind lediglich schwach gelblich bis hellgelb. Um farblich und geschmacklich ansprechende Produkte zu erhalten, geben manche Brennereien, wie z. B. Glenmorangie oder Macallan, die Destillate in gebrauchte Sherry-, Portwein- oder Madeirafässer, um dem Whisky einen speziellen Touch im Geschmack und Nachtrunk zu verleihen.

Holz ist nicht gleich Holz! Holz war seit dem Altertum als Material für Fässer, Bottiche und Behälter aller Art vorhanden und in Verwendung. In den einzelnen Ländern wurde das Holz der Bäume verwendet, die vor Ort wuchsen. Nicht jedes Holz ist jedoch zur Lagerung von alkoholischen Lösungen (Cognac, Armagnac, Whisky, Rum, Wein, Bier etc.) geeignet.

Wann ein Malt seine optimalen Eigenschaften am besten entfaltet, kann man nicht vorhersagen. Dies kann nur von einem geschulten Verkoster durch laufende sensorische Überprüfung festgestellt werden. In der Regel haben Malt-Whiskys nach 20 bis 25 Jahren ihren geschmacklichen Höhepunkt erreicht. Längere Lagerungen führen meist zu einem intensiven Fass- oder Holzgeruch (speziell bei Verwendung von neuen Fässern ist große Vorsicht geboten), der dann die spezifischen Whiskynoten überdeckt.

Üblicherweise werden Eichenholzfässer für die Lagerung verwendet, deren grobe Poren ein Durchsickern der Flüssigkeit verhindern, auf der anderen Seite aber Luftzutritt von außen nach innen erlauben. Hierdurch altert der Whisky, er oxidiert und erfährt seine Reife. Andererseits können jedoch auch Alkohol und Wasserdampf durch die Poren ins Freie entweichen. Beides, Verringerung der Alkoholkonzentration und Verringerung der Destillatmenge, bezeichnen wir als Schwand, Schwund oder eben als Verdunstungs- bzw. Lagerverlust. Die Franzosen nennen diesen Schwund den Anteil der Engel (les parts des anges). Man spricht in Fachkreisen davon, dass jährlich 15–20 Mio. Liter Whisky durch Verdunstung bei der Fasslagerung verloren gehen.

Ungeeignete Holzsorten werden mit Pech (Bierfässer) oder mit Harz (Weinfässer) ausgekleidet. Die Auskleidung hatte früher den Sinn, das Fass dicht zu machen. In Brauereien hatte die Auskleidung auch den Sinn, das Fass leichter reinigen zu können und Kontaminationen der eingefüllten Ware zu vermeiden.

Da der Vorrat an gebrauchten Port-, Sherry- oder Madeirafässern naturgemäß knapp ist, sind manche Destillerien dazu übergegangen, aus Amerika importierte Bourbon-Whisky-Fässer für die Lagerung der Destillate zu verwenden. In Amerika dürfen die Fässer laut Gesetz nämlich nur einmal für die Lagerung von Bourbon verwendet werden. In Schottland schleift man diese Fässer vor der Befüllung mit Destillaten aus. Jedoch ist die Verwendung von Bourbon-Fässern in einigen Fällen am Geschmack des Malt-Whiskys dennoch zu erkennen.

Bis vor Kurzem waren fast nur acht- bis 13-jährige Malt-Whiskys im Handel erhältlich, in letzter Zeit werden auch ältere Whiskys (25-, 30-, 40- oder sogar 50- bis 100-jährige Whiskys angeboten bzw. auch Jahrgangsabfüllungen, z. B. von Cadenhead Limited, Signatory und Gordon & MacPhail. Doch nicht immer rechtfertigen und garantieren hohe Altersangaben auch hohe Qualität und schon gar nicht den geforderten hohen Preis.

### Bottling and Labelling (Abfüllung und Etikettierung)

**Es gibt hierbei die folgenden Varianten:**

Die Fasslagerung dient der Aufnahme von Farbe und zur Reifung der Destillate.

1. Der Malt-Whisky lagert und reift in den Fasslagerhallen (*warehouses*) der Destillerie und wird anschließend in der brennereieigenen Abfüllanlage (*bottling plant*) in Flaschen gefüllt.
   Es gibt jedoch zurzeit nur wenige Brennereien, die eigene Abfüllanlagen besitzen und betreiben, z. B. die Glenfiddich Distillery oder Glenfarclas Distillery. In diesem Fall ist dann am Etikett z. B. zu lesen: „Scotch Whisky, Pure Single Highland Malt, Distilled, Matured and Bottled at the Glenfiddich Distillery".

2. Der Malt-Whisky lagert und reift in den Fasslagerhallen der Destillerie, wird jedoch nach der Lagerung an bestimmte Firmen ausgeliefert, die dann im Auftrag der Brennerei die Abfüllung in Flaschen vornehmen.
   In dem Fall steht z. B. auf dem Etikett: „Single Highland Malt, Scotch Whisky, Distilled and Bottled in Scotland".

3. Eine andere Art ist folgende: Der frisch destillierte Whisky wird in Fässer gefüllt und sofort an Firmen verkauft. Dort lagert der Whisky in Lagerhallen, ebenso unter Zollverschluss wie in den brennereieigenen Lagerhallen. Solche Firmen haben beachtliche Lagerkapazitäten und verfügen oft über wahre Schätze an alten Destillaten.
   Bekannt für derartige Abfüllungen sind z. B. in Elgin die Firma Gordon & MacPhail oder in Campbeltown und Edinburgh die Firma William Cadenhead Limited.
   Hier würde z. B. auf dem Etikett stehen: „Scotch Whisky, Pure Highland Malt, Bonded and Bottled by Gordon & MacPhail, Elgin, Scotland".

Diese unabhängigen Abfüller, die über eine Vielfalt von reinsortigen Destillaten vieler Jahrgänge verfügen, bringen auch oft sogenannte Vatted-Malts heraus, z. B. „Vintage Highland Malt", „Vintage Lowland Malt", „Vintage Mull", „Vintage Campbeltown Malt", „Vintage Orkney Malt", „Vintage Islay Malt" etc.
Die Bezeichnung am Etikett eines „Vintage Campbeltown Malt" würde dann z. B. lauten:
Single Campbeltown Malt, Scotch Whisky, Distilled and Bottled in Scotland, For Signatory Vintage Scotch Whisky Co. Ltd."
Am Beispiel des „Connoisseurs Choice":
„Single Speyside Malt Scotch Whisky, Distilled at Imperial Distillery, Distilled 1970, Selected, Produced and Bottled by Gordon & MacPhail, Elgin, Scottland"
oder
ein drittes Beispiel für „Cadenhead's Authentic Collection":
„150th anniversary bottled Single Malt Scotch Whisky, From Ardbeg Distillery, Distilled March 1975 and Bottled July 1992, Matured in an oak cask for 17 years, Product of Scottland, 56,3 % vol., Bottled by W. Cadenhead, 32 Union Street, Campbeltown"

Unabhängige Abfüller bieten häufig Vatted-Malts an, die sie aus besonderen Whiskys aus ihren Lagerbeständen herstellen.

4. Neben den genannten drei Möglichkeiten, gelagerten Whisky in Flaschen zu füllen, gibt es drei weitere Abfüllarten:
   **Originalabfüllung:**
   z. B. The Glenlivet, 12 years old, 43 % vol., Distilled by George & J. G. Smith Ltd.
   **Lizenzabfüllung:**
   z. B. George & J. G. Smith's Glenlivet, 8, 10 oder 15 Jahre alt, 40, 46 oder 57 % vol., von Gordon & MacPhail, Elgin (nicht jedoch 12 Jahre alt mit 43 % vol.)
   **Eigentümerabfüllung:**
   z. B. Malt from the Glenlivet Distillery, 21 years old, bottled by W. Cadenhead

Man unterscheidet bei der Whisky-Abfüllung auch die Original-, Lizenz- und Eigentümerabfüllung.

Es existiert eine Vielzahl von **Flaschenformen**. Insbesondere sogenannte sortentypische Formen (Karaffenform, Sprayflaschenform, Würfelform etc.) werden von einigen Firmen zum Teil als

Ausdruck des modernen Marketings verwendet. Die Mehrzahl der Brennereien verwendet jedoch die schlanke Scotch Liquor Bottle mit 25 2/3 fl. oz. (0,75 l) Inhalt.

Entsprechend den einzelnen Abfüllungsarten gibt es jeweils **eigene Etiketten** für Originalabfüllung, Lizenzabfüllung und Eigentümerabfüllung. Manchmal findet man auch nummerierte Flaschenetiketten oder die Angabe des Datums der Destillation und der Abfüllung.

Lizenzabfüllungen und Eigentümerabfüllungen unterscheiden sich im Etikett deutlich vom Etikett der Originalabfüllung, z. B. in Form, Farbe und Name der Gesellschaft, vor allem jedoch durch das Fehlen des Hinweises „distilled by ...".

Ist ein Whisky erst einmal in Flaschen gefüllt, findet keine weitere Reifung mehr statt, da Glas keine atmende Oberfläche wie Holz darstellt. Die Reifung ist somit nach der Füllung abgeschlossen.

Halb- oder viertelvolle (angebrochene) Flaschen sollte man nicht zu lange stehen lassen, da es sonst zu Flüssigkeits-, Alkohol- und Aromaverlust durch Verdunsten kommt.

### Details der Whisky-Behandlung vor der Abfüllung

Die Einstellung auf Trinkstärke sollte mit entmineralisiertem Wasser erfolgen. Die Trinkstärke schwankt zwichen 40 und 46 % vol. Es gibt auch hochprozentige Abfüllungen (56–58 % vol. Fassstärke). Für den Export werden in der Regel 43 % vol. gewählt.

Einige Punkte müssen vor der Abfüllung des Whiskys noch beachtet werden:

- Vor Beginn der Fasslagerung wird der Whisky – wie schon erwähnt – auf eine einheitliche Alkoholstärke eingestellt.
- Nach der Lagerzeit wird der Whisky mit entmineralisiertem Wasser auf die gewünschte Trinkstärke eingestellt, z. B. auf 43 % vol. Dieser Prozess vollzieht sich in geschlossenen Behältern (Holz oder Edelstahl), um Verdunstungsverluste weitestgehend zu vermeiden.
- Nach dem Zufügen von entmineralisiertem Wasser soll das Gemisch noch einige Wochen bzw. Monate ruhen, damit sich das Gefüge beruhigt und eine ausgeglichene Qualität erreicht wird.
- Vor Beginn der Abfüllung wird die Abfüllcharge auf –5 bis –8 °C abgekühlt und filtriert, um in den Flaschen ein blankes, stabiles Getränk zu bekommen, das weder eine Trübung noch einen Bodensatz aufweist.
- Die Abfüllkonzentration beträgt in der Regel 40 % vol. im Inland

und 43 % vol. für den Export. Auch Abfüllungen in Fassstärke (56–58 % vol.) sind im Handel erhältlich.

- Um den Produkten eine stets gleichmäßige Farbe zu verleihen, werden geringe Mengen Zuckercouleur verwendet. Die Zugabe ist so gering, dass sie keinen Einfluss auf den Geschmack des Whiskys hat.

## Erzeugung von „Vatted Malts"

Neben den Malts aus einer einzigen Destillerie, den „Single Malts", gibt es einige Gemische aus verschiedenen Brennereien im Handel, sogenannte „Vatted Malts". Lagerzeit der Destillate, Einstellung auf Trinkstärke, Kühlung und Filtration vor der Füllung sind ident mit der Behandlung von Single-Malt-Whiskys.

Als Erfinder des Mischens von Malt-Whiskys gilt Andrew Usher (Vater), eigentlich Vater und Sohn. Er war der erste, der Malt-

*Die Entleerung der Lagerfässer*

Whisky einer einzigen Brennerei (verschiedene Jahrgänge, gute bis sehr gute und weniger gute Produkte) miteinander vermischte und zum Kauf anbot. Später vermischte er Malt-Whiskys verschiedener Brennereien miteinander und schuf so exzellente Mischungen. Andrew Usher verdanken wir also die Existenz von Vatted-Malt-Whiskys aus einer einzigen Brennerei oder auch aus mehreren Brennereien.

Bekannte „Vatted Malts" sind z. B. Strathcanon, Glenleven, Strathspey, Dewar's Pure Malt, Mar Lodge, Highland Fusilier etc.

## Erzeugung von „Blended Whiskys"

Wenn der Laie von Whisky bzw. von schottischem Whisky spricht, meint er in der Regel „Blended Scotch Whisky". Die reinen, kräftigen, gehaltvollen Malts sind auch heute noch nur wenigen Kennern bekannt. Trotz zunehmender Nachfrage wird die Hauptmenge des erzeugten Malt-Whiskys zum Verschneiden, d. h. zur Herstellung von Blended-Whisky, benützt.

Ein **Blend** ist also ein Verschnitt zwischen Malt- und Grain-Whisky, d. h. eine Streckung der schweren Malt-Destillate mit leichteren Grain-(Korn-)Destillaten, wobei der Grain-Whisky-Anteil gesetzlich nicht geregelt ist.

Aus wirtschaftlichen Überlegungen und auch, um auf dem europäischen Festland verstärkt Fuß zu fassen und den Absatz anzukurbeln, entstand die Idee, den schweren, kräftigen Malz-Whisky mit dem eher neutraleren, leichteren Grain-Whisky zu mischen. Hier kommt jetzt V. E. Sanderson ins Spiel. Er war um 1882 wohl einer der Ersten, wenn nicht gar der Erste, der Malt-Whisky aus einer einzigen Brennerei oder Vatted-Malt-Whiskys aus einer einzigen Brennerei oder Vatted-Malt-Whiskys aus mehreren Brennereien mit Grain-Whisky vermischte. Er schuf damit die Grundlage für den Blended-Whisky: Um seinen VAT 69 ranken sich viele Geschichten.

Je mehr Malt-Anteil ein Blended-Whisky hat, z. B. 50–70 %, und je älter der verwendete Single-Malt oder je älter der verwendete Vatted-Malt ist, z. B. acht, zehn, 12, 18 oder gar 20 Jahre, umso teurer wird so ein Blend sein. Teure Blends sind sogenannte Luxus-Blends, wie z. B. Dimple, Chivas Regal, Old Parr, Antiquary etc., um nur einige zu nennen.

## Geschmacksunterschiede zwischen schottischen Malt-Whiskys

Für den Geschmack des schottischen Whiskys sind grundsätzlich Wasserqualität, Gerste, Malz, Boden, Torf, Klima, Luft, Blasenform und Destillationsart sowie Art, Dauer der Lagerung und Holzqualität der Fässer verantwortlich.

Dies ist auch der Grund, weshalb es noch nirgendwo gelungen ist, schottischen Whisky zu imitieren.

Auch die in Kapitel „Schottische Whisky-Brennereien" (ab S. 22) beschriebenen Hauptregionen Schottlands zeigen deutliche Geschmacksunterschiede, die nachstehend kurz beschrieben werden.

### Highland-Whisky

Die Highlands sind das größte Herstellungsgebiet in Schottland. Die westlichen Brennereien zeichnen sich, was ihre Produkte betrifft, durch eher trockenen Abgang mit einem Hauch von Torfigkeit aus, wogegen die östlichen Brennereien eher eine fruchtige Note vertreiben.

Die Produkte der nördlichen Brennereien besitzen eher einen Gewürzton bzw. weisen einen Heidekrauttouch auf. Die Kernzone der Highlands ist Speyside, wo auch die meisten Brennereien liegen.

Diese Whiskys zeigen geruchlich und geschmacklich eine große Palette von leicht torfig bis zu malziger Süße, vom Sherry-Ton bis zu deutlich fruchtigen Noten, vom leicht salzigen Nachtrunk bis zu kräftigen Seetangnuancen.

### Lowland-Whisky

Das Aroma dieser Whiskys ist nicht torfig, sondern eher mild, rund und ausgeglichen, ohne die vielen Spielarten der Highland-Whiskys.

### Islay-Whisky

Die Produkte der acht Brennereien der Insel Islay zeigen deutlich torfigen, phenolischen, jodartigen Charakter und sind unverwechselbar. Diese Whiskys sind Bestandteile vieler Blends.

### Campbeltown-Whisky

Von früher 30 Brennereien arbeiten heute nur mehr zwei. Die Produkte zeigen zum Teil süß-salzigen Abgang, zum anderen aber auch leicht torfigen und deutlich salzigen Nachtrunk.

Diese Beurteilungen mögen für den Einstieg genügen. Die große Palette von Geruchs- und Geschmackseindrücken der diversen Whiskys sollte selbst erarbeitet werden, was viel Spaß macht. Die dabei gewonnenen Eindrücke sollten in einem Verkostungsbuch festgehalten werden, um Vergleiche zu ermöglichen.

## Erklärung gälischer Wörter

Um das Verständnis für die gälischen Whiskynamen zu erleichtern, sind nachstehend einige Begriffe zusammengestellt:

Diese Wörter tauchen auf zahlreichen Etiketten auf und sollen die Übersetzung erleichtern.

**aber** → Mündung, Zusammenfluss
**all't** → Bach
**bank** → Ufer
**bal** → Dorf, Siedlung
**ben** → Berg
**cnoc** → Kleiner Hügel
**col** → Pass
**craggan** → Felsenhügel
**craig** → Felsen
**drum** → Bergrücken
**dubh, dhu** → Dunkel, schwarz
**eilein** → Insel
**glen, strath** → Tal
**inver** → Flussmündung
**loch** → See
**more** → Groß
**muir** → Moor
**mull** → Vorgebirge
**port** → Tor

Einige Brennereinamen mögen das Verständnis für gälische Bezeichnungen verdeutlichen:

| | | |
|---|---|---|
| **Aberlour** | → | Mündung der Lour |
| **Allt A'Bhainne** | → | Milchbach |
| **Ardbeg** | → | Kleine Anhöhe |
| **Ardmore** | → | Große Anhöhe |
| **Aultmore** | → | Großer Bach |
| **Balvenie** | → | Dorf des Glücks |
| **Ben Nevis** | → | Schneeberg |
| **Benrinnes** | → | Spitzer Berg |
| **Bowmore** | → | Großes Riff |
| **Bruichladdich** | → | Strandecke |
| **Caol Ila** | → | Sund von Islay |
| **Cardhu** | → | Schwarzer Fels |
| **Coleburn** | → | Bach an der Ecke |
| **Dallas Dhu** | → | Schwarze Wiese |
| **Imperial** | → | Die Kaiserliche |
| **Inchgower** | → | Ziegeninsel |
| **Glenfiddich** | → | Tal des Fiddich |
| **Glenfarclas** | → | Tal des grünen Landes |
| **Knockando** | → | Kleiner schwarzer Hügel |
| **North Port** | → | Nördliches Tor |
| **Rosebank** | → | Rosenufer |
| **Strathmill** | → | Mühle im Tal |
| **Strathisla** | → | Tal des Isla |
| **Tormore** | → | Großer Hügel |
| **Tamdhu** | → | Schwarzer Hügel |
| **Tomatin** | → | Hügel der Büsche |

Diese Bezeichnungen sollen die Worterklärungen auf der gegenüberliegenden Seite ergänzen.

| Interessante Details zu Schottlands Brennereien | |
|---|---|
| **Älteste Brennerei** | Glenturret 1775 |
| **Kleinste Brennerei** | Edradour |
| **Nördlichste Brennerei** | Highland Park |
| **Südlichste Brennerei** | Bladnoch |
| **Westlichste Brennerei** | Bruichladdich |
| **Östlichste Brennerei** | Glenugie |
| **Höchstgelegene Brennerei** | Dalwhinnie |
| **Erste legale Brennerei** | The Glenlivet (George Smith, 1824) |
| **Dreifach-Destillation** | Rosebank, Littlemill, Auchentoshan, Springbank |
| **Eigene Tennen-Mälzerei** | Highland Park auf den Orkney Inseln, Glenfiddich etc. |
| **Erster Abfüller von Malt in Flaschen** | Glenfiddich |
| **Erstes Besucherzentrum** | Glenfiddich |
| **Mälzerei – Brennerei – Füllerei** | Glenfiddich, Springbank |
| **Gesamte Produktion in Sherry-Fässern gelagert** | Macallan |
| **Hoflieferant für vier Könige** | Royal Lochnagar |
| **Marktführer weltweit** | Glenfiddich |
| **Bekannte Dynastien** | **Marke** |
| Haig | John Haig – Gold Label, Dimple |
| Walker | Johnny Walker – z. B. Red Label |
| McDonald | John McDonald – Long John |
| Mackie's | Sir Peter Mackie – White Horse |
| Buchanan | James Buchanan – Black & White |
| Smith | George Smith – The Glenlivet |
| Sanderson | William Sanderson – VAT 69 |
| Teacher's | William Teacher – Highland Cream |
| **Erster Hersteller von Vatted-Whisky** | Andrew Usher |
| **Erster Hersteller von Blended-Whisky** | V. E. Sanderson |
| **Erster Flaschenabfüller von Blends** | V. E. Sanderson |

# Herstellung von Grain-Whisky in Schottland

Grain-Whisky schmeckt grundsätzlich anders als Malt-Whisky und wird auch anders hergestellt.

Für die Herstellung von Grain-Whisky sind die folgenden Produktionsprozesse erforderlich:

- Stärkeaufschluss
- Stärkeverflüssigung
- Stärkeverzuckerung
- Vergärung
- Destillation
- Reifung und Lagerung
- Blenden
- Abfüllung und Etikettierung

Die Herstellung von Grain-Whisky verläuft bis zur Gärung grundsätzlich anders als die Erzeugung von Malt-Whisky. In der ersten Phase ist die Produktion mit der Herstellung von Kornbrand in deutschen gewerblichen Kornbrennereien oder von Rohsprit aus Getreide in landwirtschaftlichen Verschlussbrennereien (ehem. Monopolbrennereien) vergleichbar.

Auch der Destillationsprozess verläuft bei Grain-Whisky anders als bei der Malt-Whisky-Herstellung. Bei der Malt-Whisky-Erzeugung besteht der Rohstoff aus gemälzter Gerste, also aus Gerstenmalz, das zum Teil direkt über Torf oder Koksfeuer getrocknet wird. Dieses Malz enthält bereits die zur Verzuckerung erforderlichen Enzyme (Alpha-Glucosidase, Alpha-Amylase, Beta-Amylase), welche beim Mälzen gebildet werden.

Für den **Grain-Whisky** wird sogenannte **Rohfrucht** anstelle von Malz verwendet, d. h. **Gerste, Mais, Hafer** und **Roggen.**

Viele dieser Getreidearten werden heute als Sommer- und Wintergetreide angebaut. Einige dieser Arten gehören zu den Getreidegräsern, die meisten zur Gattung der Süßgräser. Eine Ausnahme stellt der **Buchweizen** dar, welcher zur Gattung der Knöterichgewächse gehört.

Wer verschiedene Getreidearten verarbeiten will, sollte sich nicht nur über die botanische Zugehörigkeit der einzelnen Arten informieren, sondern auch über die oft sehr unterschiedlichen

Buchweizen

Verarbeitungsmaßnahmen beim Maischen. Eine genaue Kenntnis der erforderlichen pH-Werte und der Verkleisterungstemperaturen, Verflüssigungstemperaturen und Verzuckerungstemperaturen ist unerlässlich.

Die **Rohfrucht enthält Stärke (Amylum), welche aus Amylose** (gerade Ketten) **und Amylopektin** (verzweigte Ketten) **besteht**. Der **kleinste Baustein der Stärke ist Glucose.** Die Glucosemoleküle sind in langen Ketten (verzweigt und unverzweigt) aneinandergereiht; **bis zu 20.000 Moleküle hängen so chemisch verbunden aneinander.**

Um Zucker zu bilden, den die Hefe anschließend auch vergären kann, müssen die langen Stärkeketten zerlegt und die Zuckermoleküle freigesetzt werden. Dies geschieht mithilfe der drei stärkeabbauenden Enzyme. Bevor diese in Tätigkeit treten, ist es nötig, den harten Mehlkörper der Rohfrucht mithilfe von Druck und Temperatur weich und löslich zu machen, also aufzuschließen, wie der Fachmann sagt.

## Maischegewinnung und Vergärung

Der **Stärkeaufschluss** geschieht in Druckgefäßen bei Drücken bis zu 6 $bar_ü$ und entsprechenden Temperaturen von 130–150 °C. Der thermische Aufschlussprozess dauert rund eine Stunde. Rohfrucht und Wasser werden im Verhältnis 1 : 2,5 bis 1 : 3 in den Druckbehälter gefüllt, also auf 100 kg Rohfrucht kommen 200–300 l Wasser. Das Gemisch wird mit Dampf direkt auf den entsprechenden Druck und die resultierende Temperatur aufgeheizt. Der

Maximaldruck wird so lange gehalten, bis sich die Spelzen vom Mehlkörper lösen und ein bräunlicher Brei entsteht. Anschließend wird das gedämpfte Gut mithilfe des vorhandenen Überdrucks in einen Maischbottich ausgeblasen. Diese thermisch aufgeschlossene Maische mit noch rund 100 °C riecht noch rohfruchtartig.

Mithilfe von Kühlvorrichtungen, meist Kühlschlangen, wird die Maische unter Rühren abgekühlt, und zwar zunächst auf 75–77 °C. Nun erfolgt der Zusatz von Alpha-Amylase. Dieses im Malz natürlich vorhandene Enzym wird als Verflüssigungsmittel im Ausmaß von etwa 5 % der Rohfruchtmenge in Form von zerkleinertem, in Wasser angerührtem Gerstenmalz (kein Rauchmalz) der Maische zugesetzt. Diese sogenannte **Malzmilch** sorgt nun dafür, dass die langen Stärkeketten in kurze Bruchstücke zerteilt werden. Dadurch wird der Stärkebrei dünnflüssiger und lässt sich leicht rühren. Der ganze Vorgang wird als **Stärkeverflüssigung** bezeichnet.

Die Stärkeumwandlung beim Maischen geschieht mittels der Malzenzyme!

Anschließend wird die Maische auf 55–57 °C weiter abgekühlt und eine weitere Charge von Malzmilch (ca. 15 % der Rohfruchtmenge) wird zugesetzt. Bei dieser Temperatur erfolgt die eigentliche **Stärkeverzuckerung**. Nun arbeiten die im Malz enthaltenen Enzyme *Alpha-Glucosidase* und *Beta-Amylase*, welche die vorher gebildeten kurzen Stärkeketten von außen nach innen in Glucose- und Maltosemoleküle zerlegen. Dieser Prozess soll optimal verlaufen und wird mittels der *Jodprobe* überprüft.

Nach ca. einer Stunde ist aus dem Stärkebrei eine süßlich riechende, braungelbe Maische geworden, welche so viel Glucose (Traubenzucker) und Maltose (Malzzucker) enthalten soll wie möglich.

Je optimaler dieser Verzuckerungsprozess verläuft, desto besser ist die Ausbeute, d. h., umso mehr Alkohol kann die Hefe bei der nun folgenden Gärung bilden.

Die Maische wird nun auf ca. 30 °C abgekühlt und mit einer Hefemaische versetzt. Anschließend wird weiter auf 20–25 °C abgekühlt und die mit Hefe versetzte *süße Maische* wird in die Gärtanks gepumpt. In diesen beginnt nun die **Vergärung**, die wie bei der Malt-Whisky-Herstellung verläuft und nach drei bis fünf Tagen abgeschlossen sein soll.

Der anschließend folgende Destillationsprozess unterscheidet sich jedoch wieder gravierend vom *Pot-Still-Verfahren* des Malt-

Whiskys und wird *Patent-Still-Verfahren* genannt. Nachstehend wird diese Destillation der *wash* mittels des Patent-Still-Verfahrens beschrieben, das eine kontinuierliche Destillation darstellt, im Vergleich zum chargenweise erfolgenden Pot-Still-Verfahren.

## Patent-Still-Verfahren

Ein kontinuierliches Destillierverfahren wurde 1826 von **Robert Stein** entwickelt, von **John Haig** weiterentwickelt und in der Cameron Bridge Distillery in Fife praktiziert. 1830 veränderte schließlich **Aeneas Coffey** das Verfahren weiter, und bis heute wird die **Coffey-Still-** oder **Patent-Still-Anlage** zur Destillation von Grain-Whisky eingesetzt.

Die Anlage besteht aus zwei Kolonnen, der **Trennkolonne** (*analyzer*) und der **Verstärkungskolonne** (*rectifier*). Beide Kolonnen werden direkt mit Dampf beheizt. In der Trennkolonne werden die Alkohol- und Wasserdämpfe von der Maische getrennt und gelangen unten in die Verstärkerkolonne. Die verstärkten Alkohol-/Wasserdämpfe werden im Oberteil der Verstärkerkolonne abgezogen, gelangen zum Kühler und von dort zum *spirit safe*, dem Sammler. Beide Kolonnen enthalten im Inneren sogenannte Siebböden (20–30 Böden/Kolonne), welche übereinander angeordnet sind.

Das Patent-Still-Verfahren ermöglicht im Gegensatz zum Pot-Still-Verfahren eine kontinuierliche Destillation.

Die reife Maische (vergorene Maische), also die *wash*, gelangt vom Gärtank mithilfe der Sauermaischpumpe in einer Kupfer- oder $V_2$A-Schlange (*wash pipe*) in die Rektifizierkolonne. Sie läuft in der Leitung von oben nach unten, wird im Gegenstrom von den aufsteigenden Alkohol- und Wasserdämpfen vorgewärmt (von ca. 25 °C auf ca. 60–70 °C) und gelangt dann in den obersten Kochboden der Trennkolonne. Die vorgewärmte alkoholhaltige Maische läuft nun auch in der Trennkolonne von oben nach unten, im Gegenstrom steigt der Heizdampf auf und entfernt auf den einzelnen Kochböden den Alkohol aus der Maische. Unten verlässt die entgeistete Maische (= Schlempe) den Apparat.

Am Kopf der Trennkolonne sammeln sich die Alkohol-/Wasserdämpfe mit ca. 50 % vol. und gelangen durch das Geistrohr zum Boden der Verstärkerkolonne. Von hier aus steigen die Alkoholwasserdämpfe über die Verstärkerböden nach oben und werden

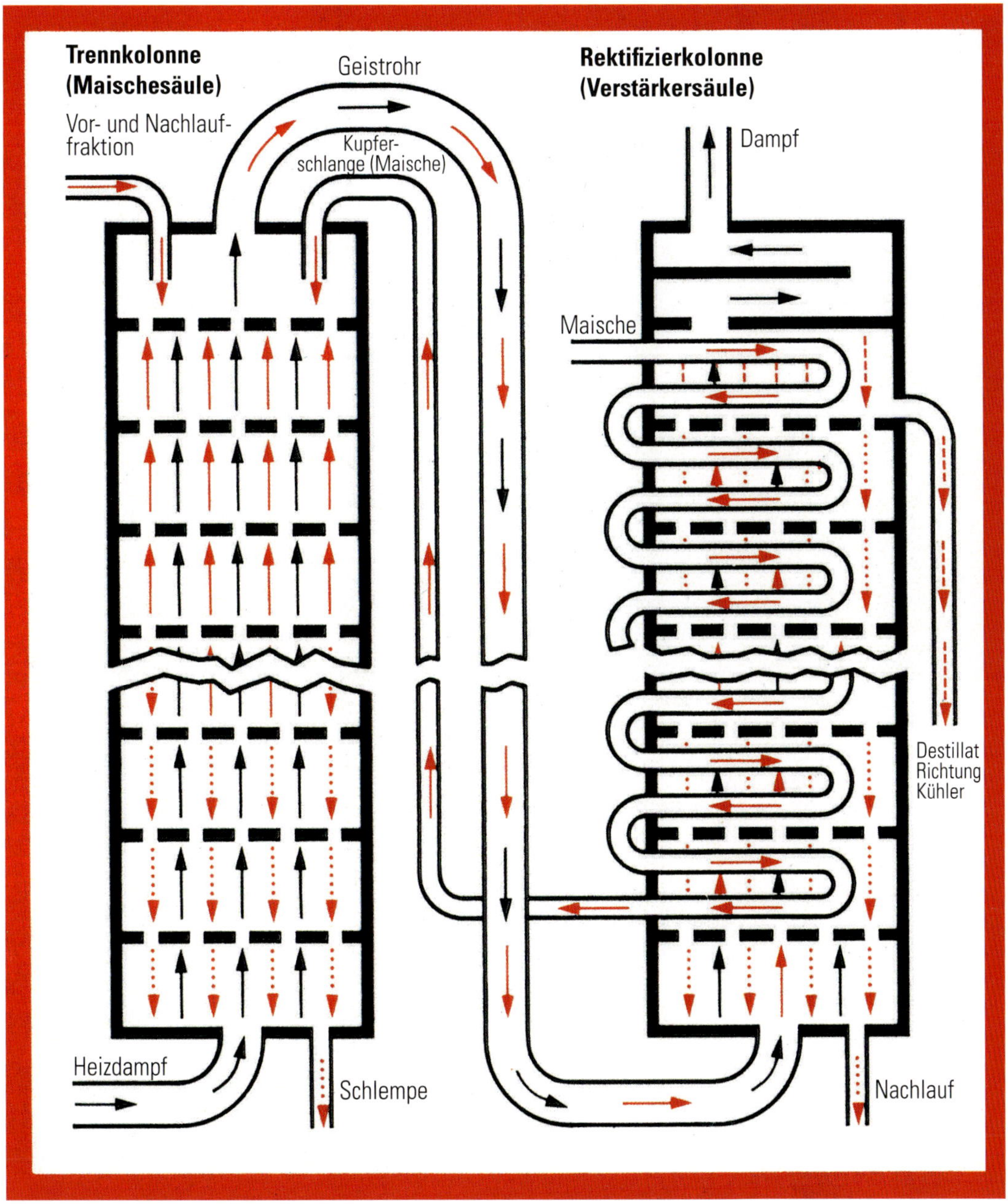


*Schema einer Patent-Still-Anlage*

*Patent-Still-Anlage (zum Teil ohne Isolierung)*

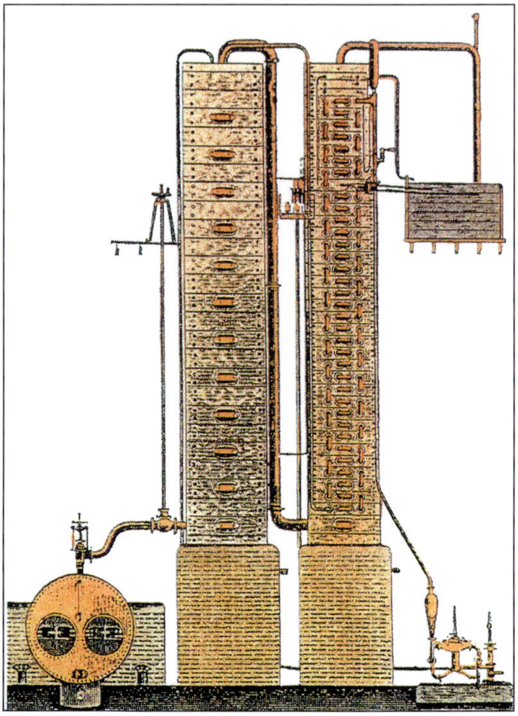

*Alte Darstellung einer Patent-Still-Anlage mit Dampferzeugung*

im Oberteil der Kolonne mittels der Auffangplatte teils flüssig, teils dampfförmig aus der Kolonne mit einer Konzentration von 90–95 % vol. abgeleitet, gelangen zum Kühler und dann zum Sammelgefäß.

Am Kopf der Verstärkerkolonne werden zudem die leichtflüchtigen Stoffe (Aldehyde, Ester, Acetale etc.) als Vorlauf kontinuierlich abgeführt, wogegen die schwerflüchtigen Bestandteile wie höhere Alkohole, Fuselöle etc. unten in der Kolonne bleiben und als *hot feints* (= Nachlauf) die Kolonne verlassen und meist am Kopf der Trennkolonne wieder eingespeist werden.

Die Verstärkung in der Verstärkerkolonne wird durch die übereinandergeschalteten Siebböden erreicht, welche – laienhaft ausgedrückt – wie übereinandergeschaltete Brennblasen wirken.

Das frische Destillat wird anschließend mit destilliertem Wasser auf 60–65 % vol. verdünnt und in Fässern gelagert. Die Lagerzeit beträgt in der Regel nicht mehr als drei Jahre, da Grain-Whisky schneller reift als der aromatische Malt-Whisky.

Grain-Whisky besitzt lediglich 25–30 % der Aromastoffe eines vergleichbaren Malt-Whiskys. Grain-Whisky ist also bedeutend leichter und dient zum Blenden. Es gibt allerdings auch einen Single-Grain-Whisky im Verkauf: **Old Cameron Brig**.

Grain-Whisky ist geruchlich und geschmacklich leichter als Malt-Whisky. Grain-Whisky wird in der Hauptsache zum Blenden (Verschneiden) von Malt-Whisky verwendet. Es gibt sehr wenige Brennereien, die einen Single-Grain-Whisky herstellen und vertreiben.

## Herstellung von irischem Whiskey

Die Herstellung von irischem Whiskey ähnelt in vielem der Herstellung von schottischem Whisky, zeigt jedoch einige signifikante Abweichungen.

Es wird kein Torf für den Darrprozess verwendet, sondern bei direkter Beheizung nur Koks oder Kohle, weshalb das Malz keinen torfigen Rauchgeschmack aufweist. Für einige Marken wird nicht 100 % Gerstenmalz verwendet, sondern ein Gemisch aus Gerstenmalz und Gerste. Vereinzelt finden anstelle von Gerste auch Weizen, Roggen oder Hafer Verwendung.

Die Destillation erfolgt wie beim Malt-Whisky in Schottland mithilfe des Pot-Still-Verfahrens. Die Brennblasen sind aus Kupfer und haben eine Kapazität von 1.000–1.500 hl.

Ferner wird fast ausschließlich eine **Dreifach-Destillation** vorgenommen:

Das Produkt der ersten Destillation ist der Rohbrand, der hier *low wines* genannt wird. Beim zweiten Brand, dem Feinbrand, werden zwei Chargen gewonnen, die *weak low wines* und die *strong low wines*. Die *weak low wines*, vergleichbar mit unserem Vorlauf und Nachlauf, enthalten wenig edle Bestandteile und werden wieder in die Raubrandblase (erste Destillation) rückgeführt. Die *strong low wines* enthalten die Hauptmenge des Alkohols und der Aromastoffe und werden ein drittes Mal destilliert. Die hier anfallenden Vor- und Nachlauffraktionen werden zur zweiten Destillation beigegeben. Der Mittellauf der dritten Destillation ist nun das Destillat („Baby Whiskey"), das zur Fasslagerung verwendet wird.

Die gesetzliche Lagerzeit beträgt drei Jahre, heute sind jedoch Lagerzeiten von acht bis 12 Jahren durchaus üblich. Man verwendet neben neuen Eichenfässern auch gebrauchte Sherry-, Bourbon- oder Rumfässer.

Das gelagerte Destillat wird auf alle Fälle geblendet, wobei jedoch nur Whiskeys aus verschiedenen Fasstypen oder diverser Jahrgänge gemischt werden. Es ist also eher ein Vatting-Prozess, wie er auch in Schottland für Malt-Whiskys gehandhabt wird.

Das Verschneiden mit neutralem Getreidewhiskey ist noch nicht allgemein üblich, wird aus Kostengründen jedoch auch in Irland Einzug halten. Die Abfüllkonzentration beträgt in der Regel 40 % vol.

## Herstellung von amerikanischem Whiskey

Über die Geschichte des amerikanischen Whiskeys wurde in einem früheren Kapitel berichtet.

Der Hauptbestandteil von Bourbon ist Mais. Neben Gerste wird manchmal auch Roggen beigegeben.

Neben Rye-Whiskey (Roggen-Whiskey) ist es vor allem der Bourbon-Whiskey (Mais-Whiskey), der in Amerika herstellt wird und geschmacklich deutlich von schottischen und irischen Whisk(e)ys abweicht.

Stärkeaufschluss, Stärkeverflüssigung und Stärkeverzuckerung geschehen ähnlich wie bei der Grain-Whiskey-Herstellung. Als Verflüssigungs- und Verzuckerungsmittel dient auch hier Gerstenmalz. Der Maisanteil pro Charge muss mindestens 51 % und darf maximal 79 % betragen. Gleiches gilt für die Herstellung von Roggen-Whiskey. Einige Brennereien verwenden auch einen gewissen Roggenanteil bei der Herstellung von Bourbon-Whiskey.

**Bei der Vergärung gibt es zwei verschiedene Methoden:**

1. **Sweet-Mash-Methode**
   Hier wird stets neue Hefe für die Vergärung eingesetzt. Dies ist natürlich teuer und wirkt sich auch geschmacklich aus, d. h., die Destillate sind aromamäßig eher schwächer. Diese Methode wird daher verhältnismäßig selten angewendet.

2. **Sour-Mash-Methode**
   Ähnlich dem in unseren landwirtschaftlichen Brennereien durchgeführten Schwefelsäureschutzverfahren wird die süße

Maische in einem Bottich zur pH-Absenkung mit Schlempe (*backset*) versetzt und nach Zugabe der Hefe vergoren. Der Anteil der Schlempe variiert von Brennerei zu Brennerei.

Mit dieser Maßnahme kann etwas vom Charakter des Whiskeys auf die folgenden Chargen übertragen werden. Das Sour-Mash-Verfahren wird heute überwiegend zur Herstellung von Bourbon-Whiskey eingesetzt. Die **Vergärung** dauert ca. drei bis fünf Tage.

Bourbon-Whisky ist ein Mais-Whisky. Im Rahmen der Herstellung wird vorwiegend die Sour-Mash-Methode praktiziert.

Die anschließend folgende **Destillation** der reifen Maische (mit ca. 8–10 % vol.) wird ähnlich wie beim schottischen Patent-Still-Verfahren durchgeführt. Die Destillate sind hochprozentig (max. 80 % vol.) und werden vor der Lagerung in Holzfässern mit entmineralisiertem Wasser auf ca. 60–65 % vol. heruntergesetzt.

Die **Lagerung** erfolgt in stets neuen, innen angekohlten Eichenfässern, in sogenannten *rackhouses*, die den schottischen *warehouses* vergleichbar sind. Die Eichenfässer dürfen nur einmal benützt werden. Durch das Ankohlen der Fassinnenseite karamellisiert ein Teil des Holzzuckers und es entsteht eine Schicht Holzkohle. Beides wirkt sich geschmacklich positiv auf die Destillate aus. Einige Firmen lassen die Destillate vor oder nach der Lagerung zusätzlich über Holzkohlefilter laufen, um so einen milderen Geschmack zu erreichen.

Die Lagerzeit beträgt mindestens zwei Jahre; vier Jahre sind üblich. Die Lagerung kann aber bis auf acht Jahre ausgedehnt werden, was dann auch werbemäßig genützt wird.

Die Abfüllkonzentration beträgt in der Regel 40 % vol., kann aber auch z. B. 57 % vol. (Fassstärke) betragen.

**Für Bourbon-Whiskey sind folgende Bezeichnungen üblich:**

**„Bourbon Whiskey“**, z. B. hergestellt nach der *Sour-Mash-Methode*, ist ein ursprünglich 80%iges Destillat aus einer vergorenen Maische, die mindestens 51 % Mais enthielt, vor der Lagerung auf ca. 60 % vol. verdünnt wurde, mindestens zwei Jahre in angekohlten Eichenholzfässern gelagert und dann abgefüllt wurde.

**„Straight Bourbon Whiskey“** ist ein Bourbon einer einzigen Charge einer Brennerei.

**„Blended Straight Bourbon Whiskey"** ist ein Gemisch verschiedener Straight-Bourbon-Whiskeys einer Brennerei, ähnlich den Vatted-Malt-Whiskys in Schottland.

**„Blended American Whiskey"** ist ein Verschnitt von Neutralalkohol und Bourbon-Whiskey, ähnlich den Blended-Scotch-Whiskys.

**„Corn Whiskey"** ist ein Produkt aus 100 % Mais und nicht vergleichbar mit Bourbon-Whiskey.

**„Rye Whiskey":** Hier gelten dieselben Herstellverfahren und Bezeichnungen wie für Bourbon, nur ist eben der Rohstoff Roggen. Rye-Whiskey schmeckt härter und breiter als Bourbon-Whiskey.

## Herstellung von kanadischem Whisky

Auch für kanadischen Whisky werden als Rohfrüchte Mais, Gerste und Roggen verwendet.

Es werden die gleichen Rohfruchtsorten zur Herstellung von **„Canadian Whisky"** verwendet wie bei der Bourbon- oder Rye-Herstellung (Mais, Roggen, Gerste).

Stärkeaufschluss in großen Druckkochern, Stärkeverflüssigung und Stärkeverzuckerung im Maischbottich mithilfe von Malzmaische (*malt slurry*) laufen ebenfalls ähnlich ab. Als Hefe wird meist Reinzuchthefe verwendet, die zunächst im Labor vermehrt und dann im Betrieb bis zum Vorliegen der benötigten Menge hergeführt wird.

Nach drei- bis fünftägiger Gärung wird die vergorene Maische (= „distiller's beer") in einer Patent-Still-Anlage destilliert. Das Ergebnis ist ein hochprozentiges Destillat (*new whisky*), das ein zweites Mal destilliert wird. Das Endprodukt ist ein sehr neutral schmeckendes Produkt, das arm an Aromastoffen ist. Canadian-Whisky ist wesentlich aromaärmer als z. B. schottischer oder irischer Whisky.

Die Lagerung erfolgt in neuen und innen angekohlten Eichenfässern. Die Lagerzeit beträgt vier bis 12 Jahre. Anschließend wird der Whisky mit Neutralsprit verschnitten, d. h. geblendet, auf Trinkstärke eingestellt und abgefüllt.

# Whisky selbst herstellen

Gesetzliche Grundlagen für die Whisky-Herstellung

Roh- und Hilfsstoffe

Whisky-Herstellung

Trinkkultur

Bildung der Whisky-Aromastoffe

Whisky-Trail in Schottland

## Gesetzliche Grundlagen für die Whisky-Herstellung

**Deutschland und Österreich sind Mitglieder der EU, die Schweiz nicht.** Vor Eintritt in die EU hatten die einzelnen Länder ihre eigenen gesetzlichen Regelungen und Begriffsbestimmungen. In **Österreich** gab es den *Codex Alimentarius Austriacus,* worin die Herstellung der einzelnen Spirituosenarten beschrieben wurde. **Seit dem Beitritt zur EU gelten in diesen beiden Ländern zudem auch die Herstellungsvorschriften der Europäischen Union**. Heute existiert der Begriff „Österreichischer Whisky" nicht mehr, sondern es gilt die letzte Fassung der EU-Verordnung, in der nur mehr der Begriff „Whisky" ohne Länderbezeichnung zulässig ist. Die Herkunft wird mit einer Zusatzbezeichnung angegeben, wie z. B. „österreichisches Erzeugnis". In **Deutschland** war der Begriff „Whisky" vor dem EU-Beitritt folgendermaßen definiert:

> **Whisky** ist ein Getreidebranntwein mit dem für eine der bekannten Whisky-Arten charakteristischen Geschmack und Geruch; er wird vorwiegend aus Gersten-, Roggen- und Weizenmalz hergestellt. Der Alkoholgehalt beträgt mindestens 43 Vol.-%.

Die seit dem Beitritt zur EU in Verordnungen etc. geregelten Herstellungsvorschriften wurden bis heute mehrfach geändert. Die geltende EU-Verordnung (EG) Nr. 110/2008 vom 15. Januar

*Amerikanische Patentschrift für eine Destille zwischen 1836 und 1849 (Quelle: wikimedia commons)*

2008 hebt alle vorherigen Verordnungen auf, speziell die EWG-Verordnung Nr. 1567/89. Whisky oder Whiskey ist eine Spirituose, die ausschließlich wie folgt gewonnen wird:

Durch Destillation einer Maische aus gemälztem Getreide mit oder ohne das volle Korn anderer Getreidearten, die durch die in ihr enthaltenen Malzamylasen mit oder ohne andere natürliche Enzyme verzuckert wird, die mit Hefe vergoren wird, durch eine oder mehrere Destillationen zu weniger als 94,8 % vol., so dass das Destillat das Aroma und den Geschmack der Ausgangsstoffe aufweist. Ferner muss eine mindestens dreijährige Reifung des endgültigen Destillates in Holzfässern mit einem Fassungsvermögen von höchstens 700 Litern erfolgen. Das endgültige Destillat, dem nur Wasser und einfache Zuckercouleur zur Einstellung auf Trinkstärke bzw. zur Färbung zugesetzt werden dürfen, bewahrt so die Farbe, das Aroma und den Geschmack, die beim Herstellungsverfahren, wie vorher beschrieben, entstanden sind.

Der Mindestalkoholgehalt von Whisky oder Whiskey beträgt 40 % vol. Der Zusatz von Alkohol, ob verdünnt oder unverdünnt, ist nicht zulässig.

In diesem Zusammenhang soll auch der **Bierbrand** oder Eau-de-vie de bière erwähnt werden.

Bierbrand ist eine Spirituose, die ausschließlich durch direkte Destillation von frischem Bier bei Normaldruck gewonnen wird.

Das Destillat muss weniger als 86 % vol. aufweisen und muss auch die sensorischen Eigenschaften von Bier besitzen.

Der Mindestalkoholgehalt von Bierbrand beträgt 38 % vol.

Der Zusatz von Alkohol, verdünnt oder unverdünnt, ist nicht zulässig. Bierbrand darf nicht aromatisiert werden. Bierbrand ist in der Regel klar und farblos. Laut EU-Verordnung dürfte auch Zuckercouleur zur Färbung eingesetzt werden.

Zahlreiche Brennereien lassen aus einer speziellen Biersorte einen „Bierbrand" herstellen (Erweiterung des Sortiments). Die Schotten nennen ihren Whisky oft „distiller's beer".

Wer selbst Whisky gewerblich herstellen will, muss die Verordnung sehr genau lesen, um keine gravierenden Fehler zu machen. Um ein beachtliches Maß an Fachwissen kommt man jedoch trotz Einhaltung der Verordnung nicht herum.

Das erste Alkoholgesetz in der **Schweiz** stammt aus dem Jahre 1887. Damals wurde primär die Herstellung von Kartoffelschnaps gesetzlich geregelt. 1930 wurde das Gesetz revidiert und auch die Herstellung von Obstbränden zugelassen.

1997 erfolgte eine erneute Revision des Alkoholgesetzes und seit 1999, nach Einführung des Einheitssteuersatzes für Spirituosen aller Art, wurde auch die Herstellung von Spirituosen aus stärkehaltigen Rohstoffen, also aus Kartoffeln und Getreide, gesetzlich wieder zugelassen.

Man begann in der Schweiz unverzüglich mit der Whisky-Herstellung, d. h., zahlreiche Obstbrenner verarbeiteten Kartoffeln, Bier und vor allem vermälztes Getreide, um ein Produkt zu erzeugen, dem sie den Namen **Whisky** gaben. Es waren vor allem Brauereien, die eine Symbiose mit etablierten Brennereien eingingen. Aber auch bisherige Obstbrenner begannen allein und in Eigenregie, Getreidemaischen herzustellen, und brannten daraus ihren Whisky. In der Schweiz werden vornehmlich Malt-Whiskys hergestellt. Die Herstellungsmethoden sind weitestgehend mit jenen in Deutschland und Österreich ident.

Neben den wesentlichen Parametern der geltenden EWG- (EU)-Verordnung, in welcher die allgemeinen Regeln für die Begriffsbestimmung, Bezeichnung und Aufmachung von Spirituosen festgelegt sind, gilt für Österreich das Österreichische Lebensmittelbuch, der **CODEX ALIMENTARIUS AUSTRIACUS**, Kapitel B 23. Spirituosen.

Bezüglich der Färbung von Whisky gelten für Österreich die Regelungen der Farbstoff-VO vom 8. 10. 1996 (173. Stück) Anhang III, wonach Whisky mit bestimmter Zuckercouleur gefärbt werden darf.

**In diesem Zusammenhang soll auch auf folgende Frage eingegangen werden:**

**Wer darf eigentlich Whisky brennen und darf eigentlich jede Person Schnaps herstellen? Wenn ja, in welcher Menge?**

Privatpersonen dürfen in gewerblicher Absicht grundsätzlich keinen Alkohol herstellen.

Steuerfrei sind lediglich Alkoholmengen, die in kleinen Brennblasen mit bis zu einem Liter Blaseninhalt für Versuchszwecke hergestellt werden. Wer also Alkohol, in unserem Fall Whisky, gewerblich herstellen will, der sollte sich mit den Begriffen

**Stoffbesitzer – Abfindungsbrenner – Verschlussbrenner und Hausbrandberechtigung**

befassen, und sich beim zuständigen Zollamt genau informieren.

Näheres erfahren Sie im *Handbuch der Edelbranntweine, Schnäpse und Liköre,* das ebenfalls im Leopold Stocker Verlag erschienen ist.

# Roh- und Hilfsstoffe

## Wasser

Grundsätzlich muss das für die Whisky-Herstellung verwendete Wasser „Trinkwasserqualität" aufweisen, d. h., das Wasser sollte mikrobiologisch und chemisch den Bestimmungen der Trinkwasserverordnung entsprechen.

Wir benötigen Wasser zum Einmaischen, zum Kühlen, zum Reinigen und zum Einstellen der Destillate auf Trinkstärke:

- Zum Einmaischen sollte möglichst Wasser mit niedriger Härte (3–7 °dH) verwendet werden (günstiger Maische-pH-Wert!).
- Zum Einstellen auf Trinkstärke ist unbedingt entmineralisiertes oder destilliertes Wasser zu verwenden, um Trübungen in der Fertigware zu vermeiden. Die Enthärtung bzw. Entmineralisierung von Wasser kann am besten mithilfe sogenannter Ionenaustauscher erfolgen. Die Resthärte sollte 0–0,1 °dH betragen.
- Zum Kühlen und zum Reinigen muss ebenfalls Wasser mit einwandfreier Trinkwasserqualität verwendet werden, die Här-

*Zum Einmaischen soll möglichst Wasser mit niedriger Härte verwendet werden.*

te ist dabei weniger wichtig. Es ist jedoch zu beachten, dass hartes Wasser in den Kühlzonen Steinbelag bildet und so den Wärmeübergang (Kühleffekt) verschlechtern kann.

Hat man hartes Wasser zur Verfügung, so kann ein Teil entmineralisiert werden und man stellt sich dann selbst eine Wassermischung mit 3–7 °dH her.

Die Härte des Wassers wird durch die darin gelösten Calcium- und Magnesiumionen gebildet. Man teilt heute die Härtebereiche der verschiedenen Wässer folgendermaßen ein:

| Härtebereiche | | |
|---|---|---|
| Härtebereich 1 | bis 7 °dH | weich |
| Härtebereich 2 | 7–14 °dH | mittelhart |
| Härtebereich 3 | 14–21,3 °dH | hart |
| Härtebereich 4 | über 21,3 °dH | sehr hart |

(1 °dH = 10 mg CaO/l oder 7,19 mg MgO/l)

## Malz und Rohfrucht

Zur Whisky-Herstellung wird üblicherweise getrocknetes Malz (Darrmalz) verwendet.

Die Rohstoffe für die Malzerzeugung sind schwerpunktmäßig Gerste, Weizen und Roggen. Malz wird heute primär in speziellen Malzfabriken (Mälzereien) erzeugt, wogegen früher jede Brauerei oder Brennerei das benötigte Malz selbst herstellte.

Wird das erzeugte Malz **vor** dem Trocknen (Darren) verwendet, nennt man es **Grünmalz**, wird es **nach** dem Trocknen verwendet, heißt es **Darrmalz**. Zur Whisky-Herstellung wird heute überwiegend **Gersten-Darrmalz** verwendet.

Wird das Grünmalz mit warmer Luft indirekt getrocknet, so spricht man von normalem Darrmalz; wird es dagegen direkt mit den heißen Rauchgasen der Feuerung getrocknet, so nennt man es **Rauchmalz**. Letzteres hat einen intensiven Phenolgeschmack, der voll in das Produkt übergeht, z. B. Rauchbier, Rauchwhisky. Durch Variieren des Rauchmalzanteiles an der Gesamtmalzmenge können Produkte mit unterschiedlicher **Rauchmalznote** hergestellt werden.

Auch die Trocknungstemperatur beim Darren wirkt sich auf die entstehenden Malze aus, vor allem hinsichtlich des Farbtons und des Geschmacks.

## Rohfrucht und dazugehöriges Malz

| Sorte | Farbe in EBC*-Einheiten |
|---|---|
| Helles Pilsener | Malz 2,8–3,0 |
| Pilsener Malz | 3,0–3,5 |
| Caramelmalz hell | 10–12 |
| Münchener Malz dunkel | 23–27 |
| Caramelmalz dunkel | 130–140 |
| Farbmalz | schwarzbraune Farbe |
| Rauchmalz | Farbe 3–4 |

* EBC: European Brewery Convention

Für die Whiskyherstellung kann z. B. Pilsener Malz, Münchner Malz oder Rauchmalz verwendet werden. Um die verschiedensten Geschmacksnuancen zu erzielen, kann die Malzmischung auch variiert werden. Speziell bei Rauchmalz sollte man mit niedrigen Anteilen, z. B. 5 oder 10 %, beginnen, um nach und nach einen „passenden" Geschmack zu finden.

Für Erstversuche kann z. B. **Darrmalz** von einer nahe gelegenen Brauerei besorgt werden (Pilsener Malz oder Caramelmalz). Für weitere Versuche können dann Spezialmalze von den einschlägigen Mälzereien bestellt werden (siehe Bezugsquellen im Anhang).

Soll Whisky nach Art des **Grain-Whiskys** erzeugt werden, so kann als Grundgetreide **Gerste, Roggen, Weizen** oder **Mais** verwendet werden, in manchen Fällen auch **Hafer**. Zur Verzuckerung dieser Rohfruchtwhiskymaischen können Gerstenmalz als Enzymspender oder technische Enzympräparate (Alpha-Amylase und Alpha-Glucosidase, Bezugsquellen im Anhang) verwendet werden. Die Rohstoffe können in Lagerhäusern oder landwirtschaftlichen Betrieben besorgt werden.

# Whisky-Herstellung

## Schroten

Das **Malz** muss vor der Verwendung entsprechend zerkleinert werden, damit die Inhaltsstoffe während des Maischens leichter in Lösung gehen können. In der Brauerei werden meist für Trockenschrot sogenannte **Walzenmühlen** verwendet, die bei Einsatz eines Läuterbottichs Schrot mit mehreren Fraktionen liefern (Spelzen, Grobgrieße, Feingrieße, Mehl, Pudermehl).

Schroten ist die fachliche Bezeichnung für Mahlen. Das gemahlene Malz (Schrot) muss eine bestimmte Zusammensetzung aufweisen (kein Mehl).

Bei Einsatz eines Maischefilters kann das Malz wesentlich feiner zerkleinert werden. Dies geschieht mit Walzenmühlen, Hammermühlen oder Vertikalrotormühlen.

Im Brennereibereich werden meist Schlägermühlen mit Mahlsiebeinsatz verwendet. Die Lochgröße des Siebes bestimmt die Mahl- bzw. die Schrotfeinheit. In der Regel ist eine Lochgröße von 1–2 mm völlig ausreichend, um ein geeignetes Schrot zu bekommen. Wichtig ist es, das Malz erst kurz vor dem Einmaischen zu mahlen, damit das Schrot keine Feuchtigkeit anzieht,

*Oben: Mahlwerk mit Schläger*

*Links: Hammermühle für die Getreide- bzw. Malzzerkleinerung*

*Gerstenmalz vor dem Mahlen*

was zur Schimmelbildung führen kann und damit zu Geruchs- und Geschmacksbeeinträchtigungen der Maische.

Die **Rohfrucht** (Gerste, Hafer, Roggen, Weizen, Mais etc.) wird in gleicher Weise mit der Schlägermühle und z. B. dem 2-mm-Einsatz zerkleinert. Rohfrucht ebenfalls erst kurz vor dem Einmaischen schroten!

## Einmaischen

### Malzmaische

Zum Einmaischen gehört eine gewisse apparative Voraussetzung:

- Glatte, leicht zu reinigende Oberflächen des Maischgefäßes
- Rührwerk (eventuell mit regulierbarer Drehzahl)
- Kühl- bzw. Heizschlangen
- Ausreichender Inhalt des Maischgefäßes

*Gemahlenes Gerstenmalz (Schrot)*

Wichtig beim Einmaischen ist das richtige **Verhältnis von Malzschrot zu Wasser**, das 1 : 3 bis 1 : 3,5 betragen sollte, d. h., für 100 kg Malzschrot werden 300–350 l Wasser benötigt. Das Volumen des eingemaischten Schrotes beträgt 70–80 l/100 kg Schrot.

Rechnet man noch 15 % Steigraum für die erwärmte und gerührte Maische hinzu, so benötigt man für 100 kg Schüttung einen Rauminhalt des Maischegefäßes von rund 500 l. In diesem Fall können bequem 430 l Maische verarbeitet werden.

Das Wasser soll vorgelegt werden. Das Malzschrot ist langsam und klumpenfrei einzurühren, sodass sich eine homogene Maische bildet.

Auf 100 kg Malzschrot sollten beim Einmaischen 300–350 l Wasser kommen.

Als Rührwerk eignen sich keine Turborührer mit hoher Drehzahl, sondern Langsamläufer mit 50–100 Umdrehungen pro Minute, eventuell mit frequenzgesteuertem Motor (Schnellgang beim Einmaischen – Langsamgang während des Maischens).

Je nach gewähltem Maischverfahren (z. B. aufsteigendes Infusionsverfahren, siehe S. 86) muss das Maischgefäß eine Aufheizmöglichkeit haben. Nach beendetem Maischverfahren muss das Maischgefäß auch eine Abkühlmöglichkeit für die Maische besitzen.

*Maischbottich mit Rührwerk, Doppelmantel (beheiz- und kühlbar) und vorgelegtem Wasser*

*Einmaischen des Malzschrotes*

*Das Malzschrot wird eingerührt.*

*Das Verhältnis von Malzschrot zu Wasser sollte 1 : 3 bis 1 : 3,5 betragen.*

*Maische bei Verzuckerungsrast*

*Maische am Ende der Maischarbeit*

Möglichkeiten für das Maischen:

Die Temperaturen müssen beim Einmaischen genau kontrolliert werden.

- **Brennblase** mit Rührwerk und Heizmöglichkeit **sowie Gefäß** mit Rührwerk und Kühlmöglichkeit zum Abkühlen der süßen Maische oder
- **Maischetank** mit Rührwerk und alternativ nutzbarer Heiz- und Kühlvorrichtung.

Zur Grundausstattung des Maischgefäßes gehören vor allem richtig anzeigende Thermometer.

Zur Reinigung des Gefäßes wäre ein Hochdruckreinigungsgerät zu empfehlen, um Kleister- und Stärkereste leicht entfernen zu können.

Um Wärmeverluste während des Maischens zu vermeiden, sollte das Gerät verschließbar sein. Schauglas und Licht wären zusätzliche Helfer.

### Rohfruchtmaische

Die Grundausstattung bei Rohfruchtverarbeitung ist dieselbe wie bei der reinen Malzverarbeitung.

Bei Rohfruchtverarbeitung (Gerste, Hafer, Roggen, Weizen, Mais etc.) haben wir zwei Möglichkeiten der Stärkeverzuckerung: **Malzenzyme** bei Einsatz von Darrmalz als Verzuckerungsmittel und **technische Enzyme** bei Einsatz von Enzympräparaten.

Es wird ein „fallendes" Maischverfahren (S. 87) gewählt.

Für 100 kg gemahlene Rohfrucht und 10–15 kg gemahlenes Darrmalz rechnet man 300–350 l Wasser. Die berechnete Wassermenge sollte in Form von heißem Wasser mit 80–85 °C zur Verfügung stehen. Das Heißwasser mit 80–85 °C sollte in das kühlbare Maischgefäß (Maischetank) vorgelegt werden.

Parallel dazu wird die benötigte Malzmehlmenge, z. B. 15 kg für 100 kg Rohfrucht, in einen Bottich (100 l) mit 40 °C warmem Wasser (1 : 3) klumpenfrei eingerührt und 15 Minuten quellen gelassen.

Nach der Wasservorlage im Maischgefäß wird das Rohfruchtschrot langsam bei laufendem Rührwerk zugesetzt (klumpenfrei), sodass am Ende des Einmaischens 77–78 °C in der Rohfruchtmaische vorliegen.

## Herstellung einer Malzmaische
### Fließschema 1

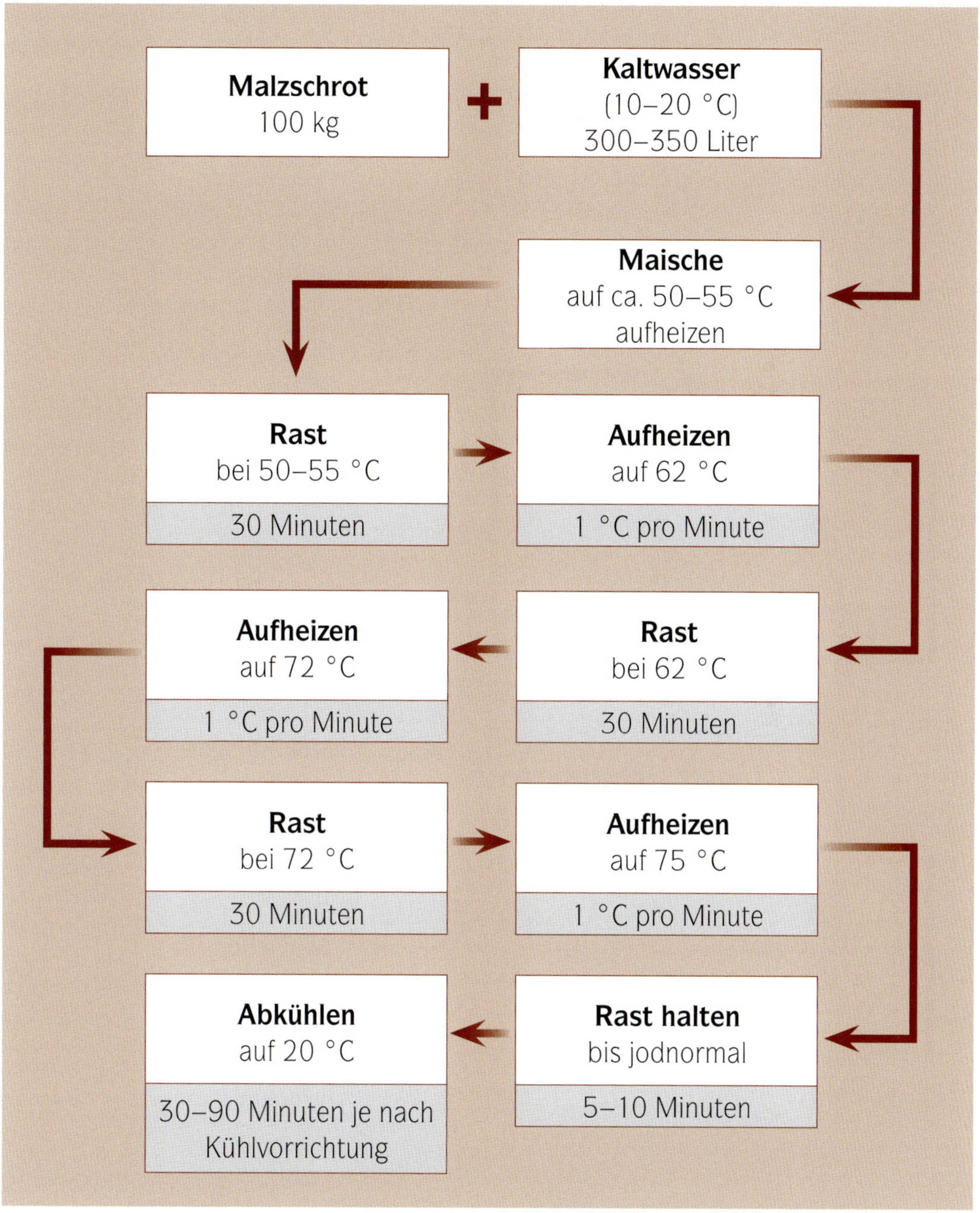

## Herstellung einer Rohfruchtmaische mit Malz als Verzuckerungsmittel
**Fließschema 2**

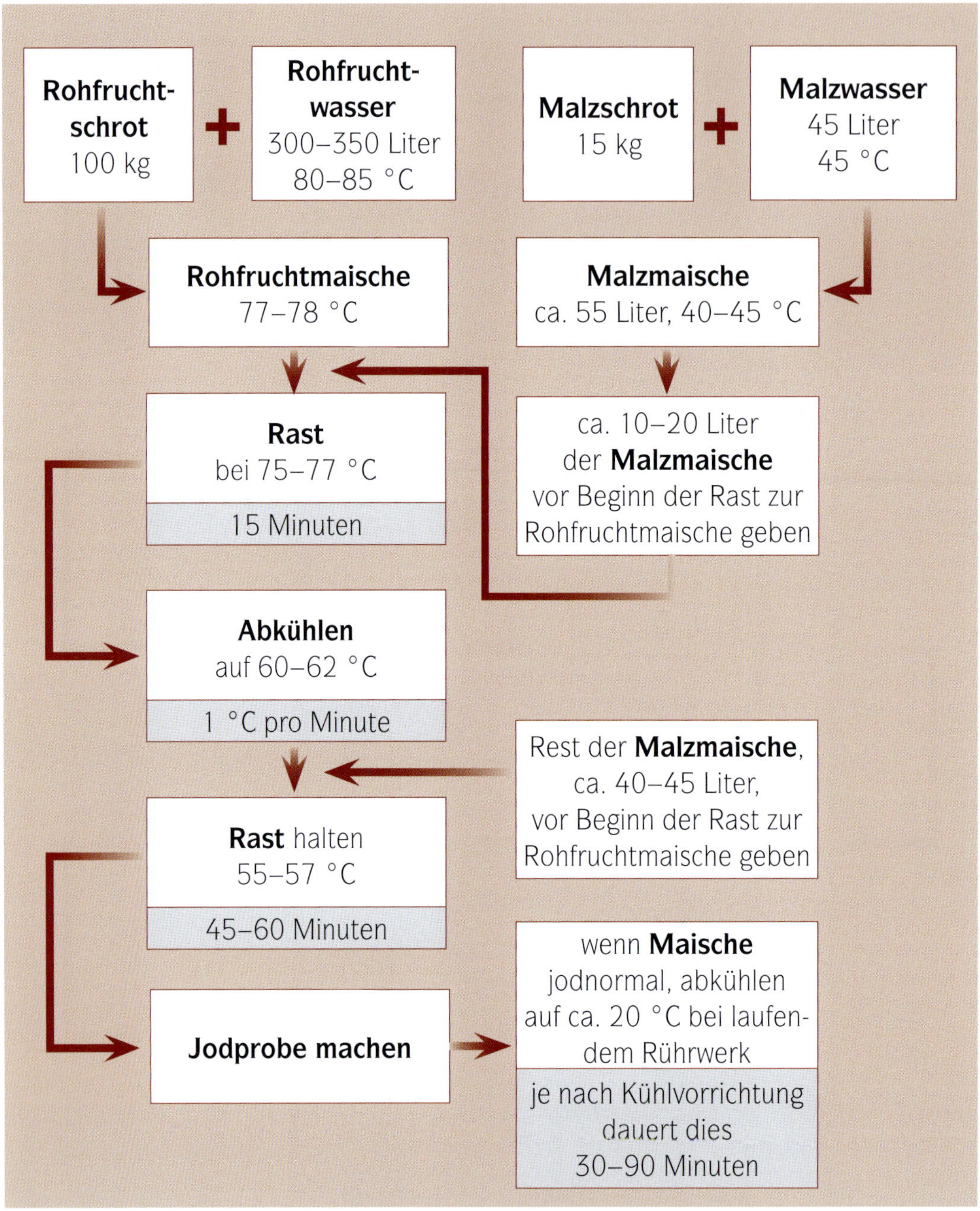

## Herstellung einer Rohfruchtmaische mit technischen Enzympräparaten
**Fließschema 3**

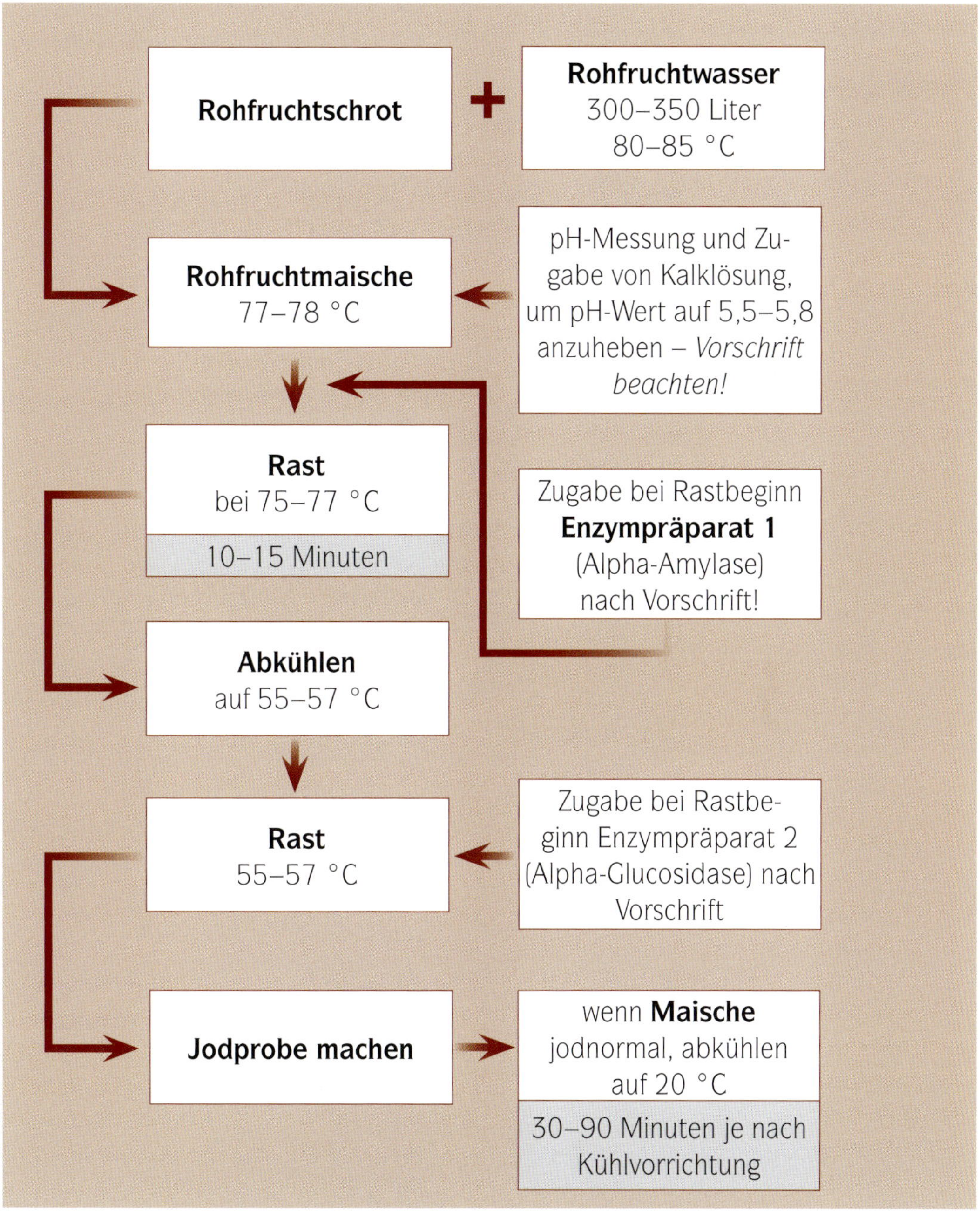

## Maischverfahren für Malz- und Getreide-Whisky

Im Rahmen des gewählten Maischverfahrens, je nachdem, ob Malz- oder Getreidewhisky hergestellt wird, wird die Stärke des Malzes mithilfe der Malzenzyme in vergärbare Zucker umgewandelt.

Jedes Enzym zum Abbau von Stärke, aber auch von Eiweiß, Fett und Cellulose benötigt eine bestimmte Temperatur, um optimal zu arbeiten.

### Infusionsverfahren

Zur Herstellung von **Malz-Whisky** wird das sogenannte **Infusionsverfahren** empfohlen, bei welchem die Maische schrittweise erwärmt wird, wobei die einzelnen erforderlichen enzymatischen Schritte erfolgen.

Im Malz sind in der Hauptsache Stärke, Eiweiß, Fettstoffe und Cellulose vorhanden. **Stärke** muss durch stärkeabbauende Enzyme (Amylasen) abgebaut werden, **Eiweiß** durch Proteasen, Peptidasen etc., Fettstoffe durch Lipasen und Cellulose durch Glucanasen und Cellulasen.

Jedes dieser Enzyme hat ein Temperaturoptimum und ein pH-Optimum. Der Stärkeabbau wird durch zwei Amylasen bewirkt. Die Alpha-Amylase wirkt bei 70–75 °C (Endverzuckerung), wogegen die Beta-Amylase bei 62–65 °C (Maltosebildung) arbeitet. Hierdurch entsteht der **vergärbare Malzzucker**. Der Eiweißabbau erfolgt bei Temperaturen von 45–50 °C durch die Proteasen etc., der Celluloseabbau bei 45–50 °C durch die Glucanasen.

Je besser der **Stärkeabbau** funktioniert, desto mehr Zucker (Malzzucker) wird gebildet und desto mehr Alkohol entsteht bei der nachfolgenden Gärung, d. h., desto besser ist die Ausbeute. Je besser der Eiweißabbau verläuft, desto mehr niedermolekulare Hefenahrung entsteht für die folgende Gärung. Der **Celluloseabbau** durch Glucanasen verbessert zusätzlich den Stärkeabbau.

**Infusionsverfahren**

- Heißes Wasser mit ca. 55 °C vorlegen
- Malzschrot einmaischen, sodass nach Einmaischende 50–55 °C vorliegen
- 30 Minuten Temperatur halten (Rast 1)
- Aufheizen auf 62 °C (1 °C/Min.)
- 30 Minuten Temperatur halten (Rast 2)
- Aufheizen auf 72 °C (1 °C/Min.)
- 30 Minuten Temperatur halten (Rast 3)
- Aufheizen auf 75 °C
- Rast halten, bis Jodnormalität erreicht ist! (5–10 Min.)

**Gesamtmaischzeit: 120–140 Minuten**

### Fallendes Maischverfahren

Zur Herstellung von **Grain-(Getreide-)Whisky** wird ein sogenanntes **fallendes Maischverfahren** gewählt (Verwendung von Malzmaische als Verzuckerungsmittel).

Nach erfolgtem Einmaischen der Rohfrucht soll eine Maischetemperatur von 77–78 °C vorliegen. Nun wird bei laufendem Rührwerk ein Drittel der Malzmaische (ca. 20 l) zur Rohfruchtmaische zugegeben. Es beginnt der Prozess der Stärkeverflüssigung, d. h., die Alpha-Amylase beginnt zu wirken. Eine Rast bei 75–77 °C von 10–15 Minuten ist zu empfehlen.

Nach dieser Rast wird die Gesamtmaische auf 60–62 °C abgekühlt, nach Erreichen dieser Temperatur wird die restliche Malzmaische (ca. 40 l) zugegeben und eine Rast von 45–60 Minuten gehalten. Dabei sollte die Maischetemperatur nicht unter 58 °C fallen.

Beim fallenden Maischverfahren dient Malzmaische als Verzuckerungsmittel.

Nach 30 Minuten kann die erste Jodprobe gemacht werden. Ist diese positiv, kann die Maische in der Regel nach 45–60 Minuten mithilfe der Kühlvorrichtung auf 20–30 °C abgekühlt werden. Während der gesamten Maischzeit soll das Rührwerk laufen!

Farbe und Geruch der Maische verändern sich nach Gelbbraun und malzig-aromatischer Süße.

Bei Verwendung **„technischer Enzympräparate als Verzuckerungsmittel“** ist ein ähnliches Temperaturschema einzuhalten. Während des Einmaischens ist der pH-Wert der Rohfruchtmaische zu ermitteln, er sollte mittels Kalkmilch auf pH 5,8–6,0 angehoben werden (200 g Kalkhydrat auf 1 l Wasser).

Die Menge der Kalkmilch (Kalkhydrat, Futterkalk) ist durch Versuche und pH-Messungen zu ermitteln.

Bei 80 °C und einem pH-Wert von 5,8–6,0 in der Maische wird nun das **Präparat 1** nach Vorschrift zur Maische gegeben. Es handelt sich um eine Alpha-Amylase. Die Menge liegt bei wenigen Gramm oder Millilitern (ml) pro 100 l Maische und sollte in einem Becher mit 1 l Wasser verdünnt werden.

<table>
<tr><th colspan="3">Stärkegehalt</th></tr>
<tr><td>Gerste</td><td>53–57 %</td><td rowspan="5">Die Menge der einzelnen Enzyme kann in g oder ml pro 100 kg Stärke oder in g oder ml pro 100 l Maische angegeben sein.</td></tr>
<tr><td>Roggen</td><td>55–58 %</td></tr>
<tr><td>Weizen</td><td>57–60 %</td></tr>
<tr><td>Hafer</td><td>50–54 %</td></tr>
<tr><td>Mais</td><td>58–62 %</td></tr>
</table>

Nach einer Rast von 10–15 Minuten wird die Maische auf 55–57 °C abgekühlt.

Die Maischarbeit ist beendet, wenn eine jodnormale, das heißt hellgelbe Maische vorliegt.

Nun wird **Präparat 2** nach Vorschrift zugesetzt. Es handelt sich um eine **Alpha-Glucosidase**. Die angegebene Menge sollte ebenfalls in 1 l Wasser verdünnt und langsam zur Maische zugegeben werden. Gemeinsam mit Präparat 2 kann auch ein Präparat 3 (Proteinase + Glucanase) eingesetzt werden. Dieses verhindert Beläge, Decken- und Schaumbildung.

Nach einer Rast von 30 Minuten kann die Maische abgekühlt werden, sofern die Jodprobe positiv ist, d. h., die Maische muss jodnormal sein, bevor gekühlt wird.

Technische Enzympräparate wirken zwar auch bei tieferen Temperaturen noch nach, aber aus Sicherheitsgründen ist zumindest eine Rast bei der Optimaltemperatur einzuhalten.

### Kontrolle der Maischarbeit mittels Jodprobe

Jodlösung ist eine n/50-Jodid-Jodat-Lösung, zu beziehen bei der nächsten Brauerei. Mit einer Pipette zwei bis drei Tropfen Jodlösung auf ein Stück weiße Kreide oder eine Porzellanschale geben und mit einen Glasstab 1 Tropfen Maische daraufgeben. Es darf keine Verfärbung der gelblichen Jodlösung geben!

**Folgende Farbreaktionen können beobachtet werden:**

| | | |
|---|---|---|
| **Stärke** + Jodlösung | | → Dunkelblau |
| Zwischenstufe 1 | Amylodextrin | → Blauviolett |
| Zwischenstufe 2 | Erythrodextrin | → Rotbraun |
| Zwischenstufe 3 | Achroodextrin | → Gelbbraun |
| Zwischenstufe 4 | Maltodextrin | → Dunkelgelb |
| **Malzzucker** + Jodlösung | | → Hellgelb (**richtig!**) |

Bei bleibender Gelbfärbung ist die Maischarbeit positiv beendet und die Maische kann abgekühlt werden. Der pH-Wert der Maische soll im Bereich von 5,8–6,0 liegen. Dann arbeiten alle Enzyme gut und die Prozesse laufen richtig ab.

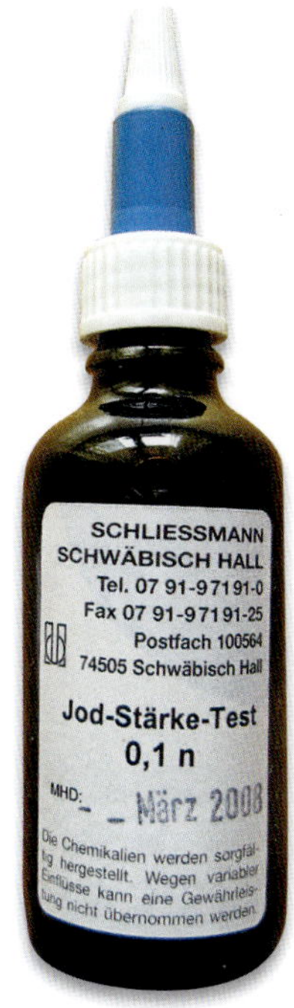


*Jodlösung für Jodtest – Stärkenachweis*

## Abkühlen der süßen Maische

Nach Beendigung der Maischarbeit sollte eine **jodnormale**, süße Maische vorliegen, d. h., die Jodprobe muss auf alle Fälle gelb, also positiv sein!!

Nun kann die Maische zügig abgekühlt werden, und zwar auf 20 °C. Bei Verwendung eines Maischetanks mit variabler Aufheiz- und Abkühlvorrichtung (Schlangen oder Taschen) kann bei laufendem Rührwerk in 20–60 Minuten von 55 auf 20 °C abgekühlt werden.

Wird in der Brennblase gemaischt, muss die süße Maische in einen Bottich gepumpt werden, in dem dann die Kühlung stattfindet (Schlangen + Rührwerk).

**WICHTIG** **Sauberkeit**

Bei allen Manipulationen ist auf peinlichste Sauberkeit der Gefäße zu achten, da es sonst schnell zu Infektionen (Kontaminationen) der Maische durch Milchsäure-, Essigsäure oder Buttersäurebakterien kommen kann, wodurch die ganze Arbeit umsonst ist.

Bei 20 °C kann nun die Hefe zugesetzt werden. Diesen Vorgang nennt man „Anstellen".

## Hefezusatz/Anstellen

Als Hefe eignet sich am besten (und ist auch leicht zu beschaffen) Bäckerhefe. Die Presshefe ist in Päckchen zu 40 g oder 500 g im Handel erhältlich.

Neben der Verwendung von Presshefe (Backhefe), welche am einfachsten einzusetzen ist, kann im Fachhandel auch flüssige Reinzuchthefe, pulverisierte Reinzuchthefe oder lyophilisierte Reinzuchthefe (gefriergetrocknet) bezogen werden. Dabei ist die richtige Vorbehandlung der Hefen vor Zugabe zur verzuckerten Maische sehr wichtig.

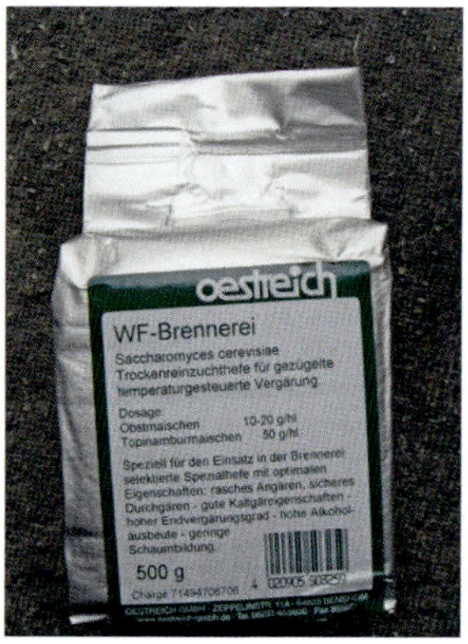


*Trockenhefe*

Ich arbeite am liebsten mit Backhefe: Sie ist leicht zu verarbeiten, arbeitet bei Temperaturen von 15–25 °C und gibt ein eher neutrales Aroma bezüglich der gebildeten Gärungsnebenprodukte. Die Zusatzmenge von Presshefe beträgt 100 g pro 100 l Maische und die Zugabe sollte bei 20–30 °C erfolgen.

Es gibt auch Kaltgär- und Warmgärhefen, die jede für sich ganz besonders eingesetzt werden müssen. Kaltgärhefen arbeiten beispielsweise bereits bei niedrigen Temperaturen.

Der Einsatz von Bierhefe ist zu überdenken, da durch die Hefe auch Hopfenbitterstoffe etc. in das Destillat gelangen, die Geruch und Geschmack beeinflussen können. Außerdem ist noch zu beachten, dass bei Bierhefen zwischen „untergäriger“ und „obergäriger Hefe“ unterschieden wird.

**Wichtig ist, sich stets vor Augen zu halten:**
**HEFE IST NICHT GLEICH HEFE!**

Es gibt zudem Hefen, die bereits ab 0,5 % vol. Alkohol die Gärtätigkeit einstellen (z. B. Saccaromycodes Ludwigii) und andere, die auch über 15 % vol. Alkohol erzeugen können (sog. Wermut-Hefen). Bierhefen erzeugen etwa 5–10 % vol. Alkohol.

Welche Hefe auch verwendet wird, wichtig ist das „Herführen“, also das Anrühren und Auflösen der Hefe.

### Vorgangsweise

- Süße Maische auf 20 °C abkühlen
- Zwischenzeitlich die benötigte Hefe, z. B. 100 g auf 100 l Maische, in einen Eimer (5–10 l) mit lauwarmem Wasser (20–

*Oben links:*
*Hefe, in welcher Form auch immer, in Wasser mit Schneebesen einrühren und 15–20 Minuten quellen lassen, dann zur Maische geben.*

*Oben rechts:*
*Hefeansatz nach 20 Minuten Quellzeit*

*Abbildung links:*
*Links Thermometer, Mitte pH-Messgerät, rechts Refraktometer*

25 °C) einbröseln und mit dem Schneebesen klumpenfrei verrühren. Der Hefezusatz sollte 15–20 Minuten stehen, damit sich die Hefe gut auflösen kann.

- Nun den Hefeansatz in die Maische gießen und bei laufendem Rührwerk ca. 15 Minuten mischen.
- Anschließend kann die angestellte, d. h. mit Hefe versetzte Maische in den Gärbottich gepumpt werden.
- Das Gärgefäß muss vorher gründlich gereinigt und desinfiziert werden, um Infektionen (Kontaminationen) vorzubeugen.
- Der Gärbeginn erfolgt nach wenigen Stunden, was am Aufsteigen kleiner Bläschen sichtbar wird.

## Gärung

Im Verlauf der Gärung wird der beim Maischen gebildete Malzzucker in Ethylalkohol, Kohlendioxid, Wärme und Gärungsnebenprodukte umgewandelt.

- Der Gärraum sollte eine Temperatur von 20 °C haben, auf keinen Fall unter 15 °C.
- Das Gärgefäß sollte verschließbar sein (Deckel).
- Die Temperatur der Maische kann auf 25–30 °C ansteigen. Nach Beendigung der Gärung fällt die Temperatur von allein wieder ab.
- Die Gärdauer beträgt drei bis fünf Tage.
- Während der Gärung entsteht an der Oberfläche eine mehr oder weniger hohe Schaumschicht (Kräusen), die gegen Ende der Gärung wieder zusammenfällt.

### Kontrolle der Gärung

Vor Beginn, während und am Ende der Gärung sollten die Zuckerkonzentration der Maische, die Temperatur und der pH-Wert täglich kontrolliert werden:

- Zuckerermittlung mittels Saccharometer oder Refraktometer
- pH-Wert-Messung mittels pH-Papier oder pH-Messgerät
- Temperaturmessung mittels Thermometer

### Ermittlung der Zuckerkonzentration der Maische

Die tägliche Überprüfung des Zuckergehalts der Maische mittels Saccharometer ist wichtig, um den Gärverlauf zu kontrollieren.

100 kg Malzschrot, mit 300 l Wasser eingemaischt, ergeben nach dem Maischprozess eine Zuckerkonzentration von 18–20 %.

Zur Ermittlung der Zuckerkonzentration vor, während und nach der Gärung muss ca. 1 l der Maische über ein Tuch filtriert werden. Die relativ klare braune Lösung ist in einen sauberen Glaszylinder zu füllen und auf 20 °C zu temperieren. Anschließend kann mit einem Saccharometer (Senkwaage, Zuckerspindel) der Extraktgehalt (Zuckergehalt) in Gew.-% ermittelt werden. Es können auch Refraktometer oder Öchsle-Waagen verwendet werden.

Die Zuckerkonzentration muss täglich ermittelt werden, um den Gärverlauf überprüfen zu können, ebenso der pH-Wert und die Temperatur.

| | Süße Maische | nach 24 Std. | 48 Std. | 72 Std. | 96 Std. |
|---|---|---|---|---|---|
| **Gew.-%** | 18–20 | 8–12 | 5–8 | 3–5 | 1–3 |
| **pH** | 5,4–5,6 | 5,3–5,5 | 5,0–5,3 | 4,8–5,0 | 4,5–4,8 |
| **°C** | 29–22 | 28–32 | 30–32 | 25–30 | 20–25 |

Nach beendeter Gärung, d. h. vor Destillationsbeginn, ist noch einmal der Restzuckergehalt zu ermitteln. Sollten die Richtwerte nicht erreicht werden, wurden Fehler bei der Verzuckerungsarbeit gemacht!

## Destillation

Nach den Schwerpunkten Maischarbeit und Vergärung kommt dem Schwerpunkt Destillation ein hoher Stellenwert zu. Zwei Dinge müssen hier ganz klar erwähnt werden:

- Was bei der Maischarbeit und bei der Vergärung falsch gemacht oder unterlassen wurde, kann durch die Destillation nicht mehr kompensiert werden und
- die Destillieranlagen, welche bei uns zur Verfügung stehen, sind wesentlich kleiner im Volumen und anders in der Konstruktion als jene in Schottland oder Irland, also nicht vergleichbar.

Das Verständnis für die Vorgänge, die beim Destillieren ablaufen, ist sehr wichtig!

### Der Destilliervorgang

Was bedeutet nun das Wort „destillieren" bzw. was geschieht bei diesem Vorgang? Das Wort „destillieren" kommt vom Lateinischen und bedeutet so viel wie heruntertropfen. Das heißt, wenn man durch Wärmezufuhr eine Flüssigkeit zum Kochen bzw. zum Verdampfen bringt und anschließend den Dampf durch Kühlen wieder verflüssigt, so sieht man etwas heruntertropfen. Bei der Destillation spielen sich jedoch mehrere **Vorgänge** parallel ab, die man folgendermaßen zusammenfassen kann:

- Die **beim Destillieren entstehenden Dämpfe** werden in Helm, Kühler etc. verflüssigt, sodass in der Vorlage wieder eine Flüssigkeit vorliegt.
- Destillation bedeutet aber nicht nur Verflüssigung der entstandenen Dämpfe, sondern auch eine **Trennung von festen und flüchtigen Stoffen**. Das heißt, Kerne, Schalen etc. bleiben beim Destillieren in der Blase zurück (Schlempe), die aufsteigenden Dämpfe werden im Kühler kondensiert und tauchen

Destillieren ist ein thermischer Trennvorgang. Es werden flüchtige von festen und edle von unedlen Stoffen getrennt.

in der Vorlage als Flüssigkeit wieder auf. Die Trennung von fest und flüchtig wird auch als Raubrand bezeichnet.

- Während der darauffolgenden Destillation, dem sogenannten **Feinbrand**, werden verschiedene Inhaltsstoffe entsprechend ihrem Siedepunkt getrennt aufgefangen. Diese Fraktionen nennt man Vorlauf, Mittellauf und Nachlauf. Der Feinbrand ist also quasi eine fraktionierte Destillation.
- Die Destillation ist auch ein **Stadium der Aromabildung**. Bei der Vergärung wird eine Reihe von Alkoholen und flüchtigen Säuren gebildet. Im Rahmen der Destillation kommt es zu einer Esterbildung, d. h., aus diversen Alkoholen und diversen Säuren kommt es zur Bildung von diversen Estern.
- Letztlich kommt es auch zu einer **Alkoholverstärkung im Rahmen der Destillation**. In der vergorenen Maische (reife Maische) haben wir einen Alkoholgehalt von 8–10 % vol., im Raubrand im Mittel einen Alkoholgehalt von 25–35 % vol., im Mittellauf des Feinbrandes letztlich einen Alkoholgehalt von ca. 60–80 % vol.

**Mittlere Alkoholgehalte bei wiederholter getrennter und kompletter Destillation der einzelnen Destillatfraktionen**

| Ausgangsalkoholgehalt der Probe in % vol. | Mittlerer Alkoholgehalt des erhaltenen Destillates in % vol. |
|---|---|
| 10 | 32,7 |
| 32,7 | 58,3 |
| 58,3 | 74,8 |
| 74,8 | 83,2 |
| 83,2 | 87,3 |

Die Werte sind so zu verstehen, dass z. B. eine Probe mit 10 % vol. Alkohol vollständig destilliert wird. Der Alkoholgehalt des gesamten erhaltenen Destillates beträgt dann 32,7 % vol. usw. Ferner resultiert daraus folgende Erkenntnis: Zur Erzielung einer Alkoholstärke von über 80 % vol. muss man mindestens viermal nacheinander oder nebeneinander oder – technisch viel eleganter – übereinander destillieren. Dies ist wichtig zum Verständnis für die Verstärkerböden.

Die Destillation ist also ein umfangreicher Vorgang, bei welchem viele Prozesse ablaufen.

Bei der Vergärung wird eine Vielzahl von Gärungsnebenprodukten gebildet, edle und spezifische sowie unedle, sensorisch eher störende, die sensorisch bekannt sein sollten und bei der Abtrennung von Vorlauf und Nachlauf abgefangen bzw. abgetrennt werden müssen. Nur die typischen, arteigenen und spezifischen Inhaltsstoffe sollten in den Mittellauf gelangen.

Um den Prozess der Destillation theoretisch noch besser verstehen zu lernen, sollen nachstehend nochmals einige Begriffe erläutert werden.

### Was ist eine reife Maische?

Eine richtige Maischarbeit und eine saubere, kontaminationsfreie Vergärung sollen aus der süßen Maische eine gut vergorene reife Maische entstehen lassen, mit einer Vielzahl von edlen und unedlen Gärungsnebenprodukten, die es beim Feinbrand als Vorlauf, Mittellauf und Nachlauf zu trennen gilt. Dass eine Maische reif

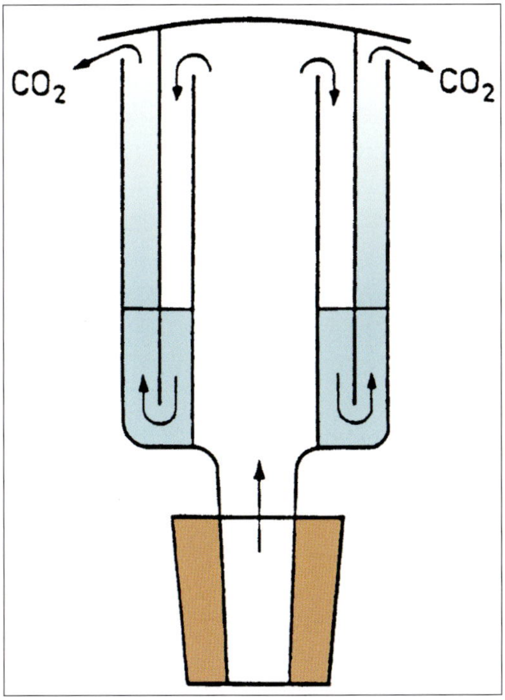


*Funktionsweise eines Gärspunds*

*Gärspund auf Kunststofffass*

ist, erkennt man auch daran, dass im Spundapparat keine Kohlensäureblasen mehr aufsteigen.

Beim Raubrand werden der Maische alle flüchtigen Stoffe entzogen.

### Was ist ein Raubrand?

Ein Raubrand oder Rohbrand ist in der Regel der erste Brand, bei welchem feste Inhaltsstoffe der Maische von den flüchtigen Inhaltsstoffen getrennt werden. Der Raubrand ist meist trüb und riecht unrein. Der Sinn des Raubrandes liegt darin, alle flüchtigen Inhaltsstoffe der reifen Maische auszutreiben, um diese dann beim anschließenden Feinbrand in gute und weniger gute zu trennen.

### Was ist die Schlempe?

Nach dem Raubrand verbleibt in der Brennblase in der Regel ein alkoholarmer Rückstand, der alle festen Stoffe der Maische (Kerne, Stiele, Schalen etc.) enthält. Die Schlempe kann nach Abkühlung verfüttert oder entsorgt werden. Je nachdem, wie weit abdestilliert wird, soll die Schlempe auf alle Fälle so wenig wie möglich Restalkohol, z. B. 0–3 % vol., enthalten.

Beim Feinbrand werden die unedlen Inhaltsstoffe des Raubrandes abgetrennt.

### Was ist der Feinbrand?

Der Feinbrand ist der zweite Brand, aus dessen Mittelstück die spätere Trinkware hergestellt werden soll. Je nach Menge wird der Raubrand einer oder mehrerer Chargen wieder in die Brennblase gefüllt und einer zweiten Destillation, eben dem Feinbrand, unterworfen. Hier muss die Abtrennung der unedlen, unspezifischen Inhaltsstoffe erfolgen. Dies geschieht, indem man sich die Kenntnis der verschiedenen Siedepunkte der Inhaltsstoffe zunutze macht. Die Siedepunkte der wichtigsten positiven und negativen Aromakomponenten liegen zwischen 20 und 290 °C.

Wenn wir in diesem Buch von Alkohol sprechen, dann ist immer **Ethylalkohol** gemeint. Dieser hat einen Siedepunkt von 78,4 °C. Leichtflüchtige Aromastoffe besitzen einen Siedepunkt von unter 78,4 °C, schwerflüchtige Aromastoffe sind bei Siedepunkten über 78,4 °C angesiedelt.

Die negativen leichtflüchtigen Aromastoffe sind also bei Temperaturen von unter 78,4 °C im Vorlauf abzutrennen, die schwerflüchtigen negativen Aromastoffe bei Temperaturen über 78,4 °C im Nachlauf.

*Wasserbadbrennerei mit Helm und Rührwerk, Fa. Holstein*

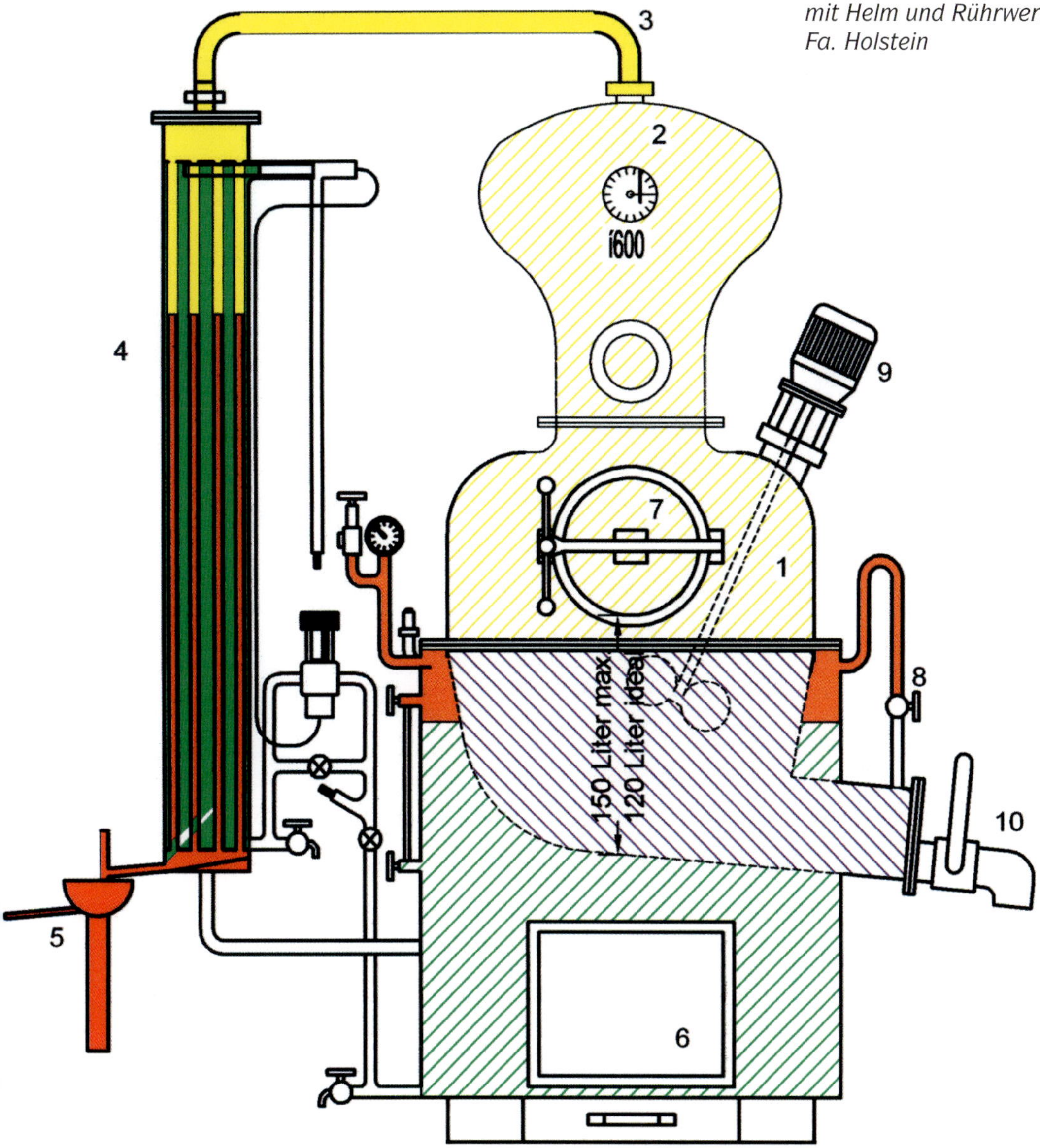


| | | | | | |
|---|---|---|---|---|---|
| *1* | *Brennblase* | *5* | *Vorlage* | *8* | *Dampfeinleitung* |
| *2* | *Helm* | *6* | *Wasserbad mit Feuerung* | *9* | *Rührwerk* |
| *3* | *Geistrohr* | *7* | *Einfüllöffnung* | *10* | *Maischeauslauf* |
| *4* | *Kühler* | | | | |

### Wichtige Gärungsnebenprodukte, geordnet nach ihren Siedepunkten

| Gärungsnebenprodukt | Siedepunkt °C |
|---|---|
| Acetaldehyd | 20,2 |
| Blausäure | 26,0 |
| Acrolein | 52,8 |
| Essigsäureethylester | 77,1 (Ethylacetat) |
| Ethylalkohol | 78,35 |
| Isopropylalkohol | 82,8 |
| Propylalkohol | 97,2 |
| Diäthlacetat | 102,0 |
| Isobutylalkohol | 108,1 |
| Essigsäurebutylester | 113,0 |
| Butylalkohol | 117,0 (Fuselöl) |
| Essigsäure | 118,2 |
| Buttersäureethylester | 121,0 |
| Milchsäure | 122,0 |
| 2-Methylbutanol-1 | 128,9 (Fuselöl) |
| Isoamylalkohol | 131,0 (Fuselöl) |
| 3-Methylbutanol-1 | 132,0 (Fuselöl) |
| Isoamylacetat | 141,0 |
| Buttersäure | 162,5 |
| Capronsäureethylester | 166,8 |
| Benzaldehyd | 179,5 |
| Apfelsäure | 203,0 |
| Benzylalkohol | 205,2 |
| Glycerin | 290,0 |

Die nachstehende Tabelle zeigt die Kennzahlen von Ethylalkohol.

| Kennzahlen von Ethylalkohol | |
|---|---|
| Formel | C2H5-OH |
| Siedepunkt | 78,35 °C |
| Gefrierpunkt | –114,1 °C |
| Dichte bei 20 °C | 0,7905 g/cm³ |
| Flammpunkt bei 50 % vol. | 24 °C |
| Flammpunkt bei 70 % vol. | 21 °C |
| Flammpunkt bei 87 % vol. | 19 °C |
| Flammpunkt bei 95 % vol. | 16 °C |
| Explosionsgrenze, untere | 3,5 % vol. bzw. 67 g/m³ Luft |
| Explosionsgrenze, obere | 15,0 % vol. bzw. 290 g/m³ Luft |
| Azeotroper Punkt | 78,15 % bei 97,2 % vol. |
| Heizwert | 5.100 kcal/l |
| Zündtemperatur | 425 °C |
| Physiologischer Brennwert | 7,1 kcal/kg |
| Alkoholdampf | 1,6-mal schwerer als Luft |

### Was ist der Vorlauf?

Wie bereits ausgeführt, verdampfen zu Beginn des Feinbrands niedrig siedende Komponenten, die auf das Fertigprodukt einen negativen geruchlichen bzw. geschmacklichen Einfluss haben, also Substanzen, deren Siedepunkt deutlich unter 78,4 °C liegt. Zu diesen Substanzen zählen z. B. Acetaldehyd, Acrolein, Ethylacetat etc. Jeder Brenner sollte sie kennen, um sie zu eliminieren.

*Auffangen von Vorlauf (bei Vorlage-Unten-auslauf)*

### Was ist der Nachlauf?

Zu den typischen negativen Nachlaufkomponenten gehören z. B. Essigsäure, Milchsäure, Buttersäure, Fuselöle etc. Diese Substanzen können Geruch und Geschmack eines Getränkes negativ beeinflussen, weshalb sie im Nachlauf abgetrennt werden sollten.

### Was ist der Mittellauf?

Ganz wichtig ist, dass die Schnittstellen zwischen Vorlauf und Mittellauf sowie zwischen Mittellauf und Nachlauf sensorisch exakt erfasst werden. Um das ausreichend gut durchführen zu können, müssen zumindest einige in Vorlauf, Nachlauf und natürlich auch im Mittellauf vorkommende Substanzen sensorisch bekannt sein. Dies setzt eine gute Schulung und laufende Übung voraus.

Die Übergänge zwischen Vor- und Mittellauf sowie zwischen Mittel- und Nachlauf sollten in kleine Gefäße destilliert werden, um Vor- und Nachlauf genauer abtrennen zu können.

Malzbrände, Kornbrände und auch Obstbrände enthalten unterschiedliche und unterschiedlich viel Gärungsnebenprodukte, die es zu unterscheiden und richtig abzutrennen gilt. Hierfür wird auf alle Fälle empfohlen, die ersten 1–3 l fraktioniert in kleinen Gläsern à 50–100 ml getrennt nacheinander aufzufangen (nummerieren!) und beiseitezustellen. Der Mittellauf kann in einem Gefäß aufgefangen werden. Ab 65 % vol. sollte wieder mit der fraktionierten Nachlaufabtrennung begonnen werden. Brennende kann bereits bei 10–15 % vol. sein, aber auch manchmal darunter oder darüber.

Nach Beendigung des Feinbrandes kann dann in aller Ruhe der sensorische „Schnitt" mit Nase und Gaumen ermittelt werden, und zwar zwischen Vorlauf und Mittellauf und zwischen Mittellauf und Nachlauf. Jede Malzmischung wird einen anderen „Schnittpunkt" bringen. Wichtig ist daher, langsam zu destillieren (Fadenmethode), um leichter trennen und fraktionieren zu können.

*Vorlaufverkostung (Riechen – Kosten), beginnend beim letzten Glas*

Wer hobbymäßig Whisky brennen will, wird sich als Neueinsteiger etwas schwertun. Von Vorteil wäre es, wenn gewisse Erfahrungen als Kornbrenner oder auch als Obstbrenner vorhanden wären. Solche Erfahrungen, speziell auch beim Destillieren, wirken sich positiv auf die ganze Arbeitsweise aus.

*Einfache Brennanlage, Fa. Carl*

Wer sich ohne jegliche Erfahrung in das Abenteuer einer Destillation stürzt, wird am Anfang viel Lehrgeld bezahlen müssen, wie viele „Kollegen“ vor ihm auch. Deshalb kann nur geraten werden, möglichst viel Literatur darüber zu studieren und Gespräche mit erfahrenen Brennern zu suchen. Weiterführende Anleitungen und vertiefende Beschreibungen von Destillieranlagen finden Sie beispielsweise im „Handbuch der Edelbranntweine, Schnäpse, Liköre“.

## Brennanlagen

In der Regel stehen folgende Destilliergeräte zur Verfügung:

- 1-Blasen-Anlage, d. h. Rohbrand und Feinbrand nacheinander auf einem Gerät
- 2-Blasen-Anlage, d. h. Rohbrand- und Feinbrandblase
- 1-Blasen-Anlage mit Dephlegmator für den Feinbrand
- 2-Blasen-Anlage mit Dephlegmator für den Feinbrand
- 1-Blasen-Anlage mit Verstärkeraufsatz (Kolonne)
- 1-Blasen-Anlage mit Dephlegmator und Verstärker

Auf jeder dieser Anlagen kann – sofern man die Kunst des Destillierens beherrscht – ein sauberes und typisches Destillat erzeugt werden. Jede Anlage arbeitet anders, man kann daher Erfahrungswerte des einen nicht ohne Weiteres auf ein anderes System übertragen. Nachstehend sollen einige Abbildungen von Destillieranlagen einen Eindruck der verschiedenen Anlagen geben.

Sinn und Zweck der Zusatzeinrichtungen für Destillationsgeräte sollten bekannt sein.

## Zusatzeinrichtungen für Destillationsgeräte

### Was ist ein Dephlegmator?

Ein Dephlegmator ist zusätzlich zum Helm eine weitere, oft effektivere **Verstärkungseinrichtung**. Der Name kommt aus dem Griechischen (Phlegma) und bedeutet so viel wie „schwerer machen“, d. h. die im Brennapparat nach oben steigenden Alkohol-

Wasserdämpfe werden beim Passieren des mit Wasser gekühlten Dephlegmators teilweise verflüssigt, man erreicht dadurch eine **alkoholärmere Flüssigkeit und einen alkoholreicheren Dampf**, eben eine Verstärkung. Das Phlegma (= kondensiertes Wasser) rinnt in die Blase zurück. Am Anfang der Destillation wird – wenn der Dephlegmator voll eingeschaltet ist – der gesamte aufsteigende Alkohol-Wasserdampf kondensiert. Erst bei steigender Temperatur wird der Druck von unten her größer, sodass die Alkoholdämpfe in das Geistrohr strömen und dann im Kühler verflüssigt werden können. Es gibt Brennanlagen, bei welchen der Dephlegmator zuschaltbar oder abschaltbar ist. Ein Dephlegmator ist also eine **Verstärkereinrichtung** und sollte speziell in der Vorlaufphase, bei welcher Substanzen mit niedrigem Siedepunkt ausdampfen, nicht oder nur ganz schwach eingeschaltet werden.

Gerade in der Vorlaufphase sollte der Dephlegmator nicht eingeschaltet oder heruntergeregelt sein.

Mit dem Dephlegmator kann eine gute Reinigung der Destillatdämpfe erzielt werden.

Auch kann der Dephlegmator bzw. die Temperaturdifferenz zwischen Dephlegmatorauslauf und Dampftemperatur in der Blase gut zur Regelung der Anlage benützt werden.

Ein Dephlegmator bringt – **richtig eingesetzt** – sicher Vorteile und kann zum Regeln einer Anlage benützt werden.

Falsch eingesetzt, d. h. gar nicht eingeschaltet oder zu früh voll aufgedreht, bringt er eher Nachteile, wie z. B. Aromabeeinträchtigungen oder schwerere Trennbarkeit der Vorlaufkomponenten.

### Was ist ein Verstärkerboden?

Die periodisch arbeitende Kolonnenanlage besitzt dieselben Teile wie eine einfache Brennanlage. Eine Ausnahme bilden die sogenannten Verstärkerböden, welche anstelle des Helmes direkt über der Brennblase angeordnet sein können oder aus Platzgründen daneben installiert werden müssen. Nach den Verstärkerböden folgen wieder Geistrohr, Kühler und Vorlage. Das System, welches die drei Verstärkerböden beinhaltet, nennt man auch „Verstärkersystem".

Auf den Sinn und die Wirkungsweise der Verstärkerböden soll weiters an dieser Stelle eingegangen werden. Ein Verstärkerboden soll – wie der Name sagt – die **Alkoholkonzentration** verstärken, also erhöhen. Sehr vereinfacht gesagt, ist ein Verstärkerboden eigentlich eine Brennblase. Aus der Tabelle auf S. 94 wissen wir,

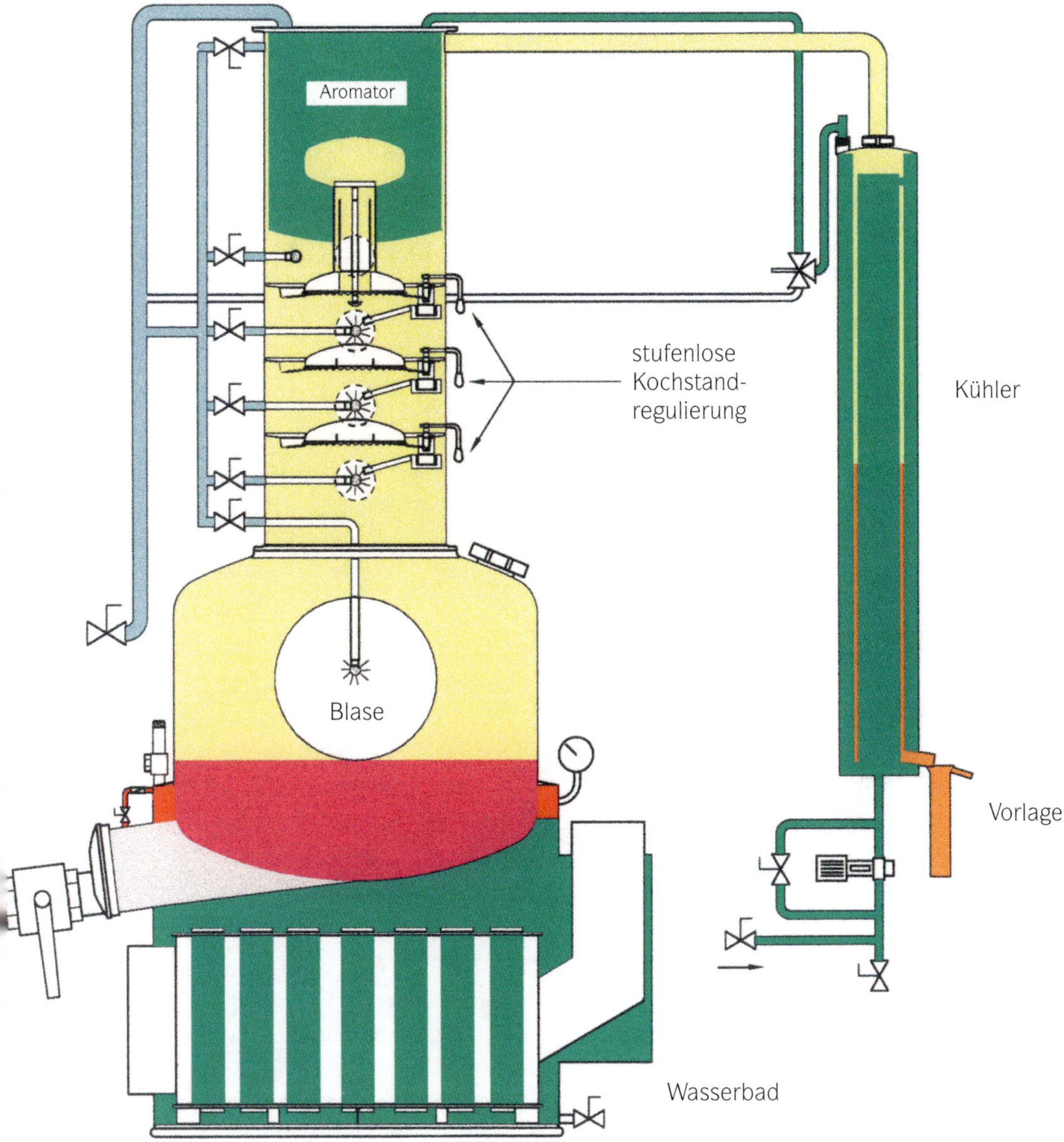


*Freistehende Wasserbadbrennereianlage, Fa. Kothe*

*Wasserbadbrennerei mit Rührwerk und Verstärker, Fa. Carl*

dass man mindestens vier Mal destillieren müsste, um eine Alkoholkonzentration von über 80 % vol. zu erreichen.

Aus diesem Grund baut man in Abfindungsbrennereien drei kleine Blasen in Form von Verstärkerböden übereinander. Diesen Teil nennt man Verstärkerkolonne. Die Verstärkerböden gibt es in zwei Hauptformen, als **Glockenböden** und als **Siebböden**.

Moderne Anlagen werden so gebaut, dass die Böden – egal wie sie gestaltet sind – abschaltbar sind, d. h. unwirksam gemacht werden können. So können z. B. Glockenböden aufgeklappt werden, die verstärkende Wirkung des Systems wird aufgehoben und die Alkohol-/Wasserdämpfe gehen durch.

Bei Siebböden erreicht man ein Ausschalten dadurch, dass die Verschlussstopfen entfernt werden und der Boden leer rinnt. Auch hier gehen die Alkohol-/Wasserdämpfe dann ohne Verstärkung hindurch.

## Was ist ein Katalysator?

Katalysatoren sind nichts anderes als zusätzliche Kupferoberflächen, die speziell bei Edelstahlanlagen mit kurzer oder geringer Kupferaustauschfläche vor dem Kühler angebracht werden. Reine

*Wasserbadbrennerei mit Verstärkerkolonne, Fa. Holstein*

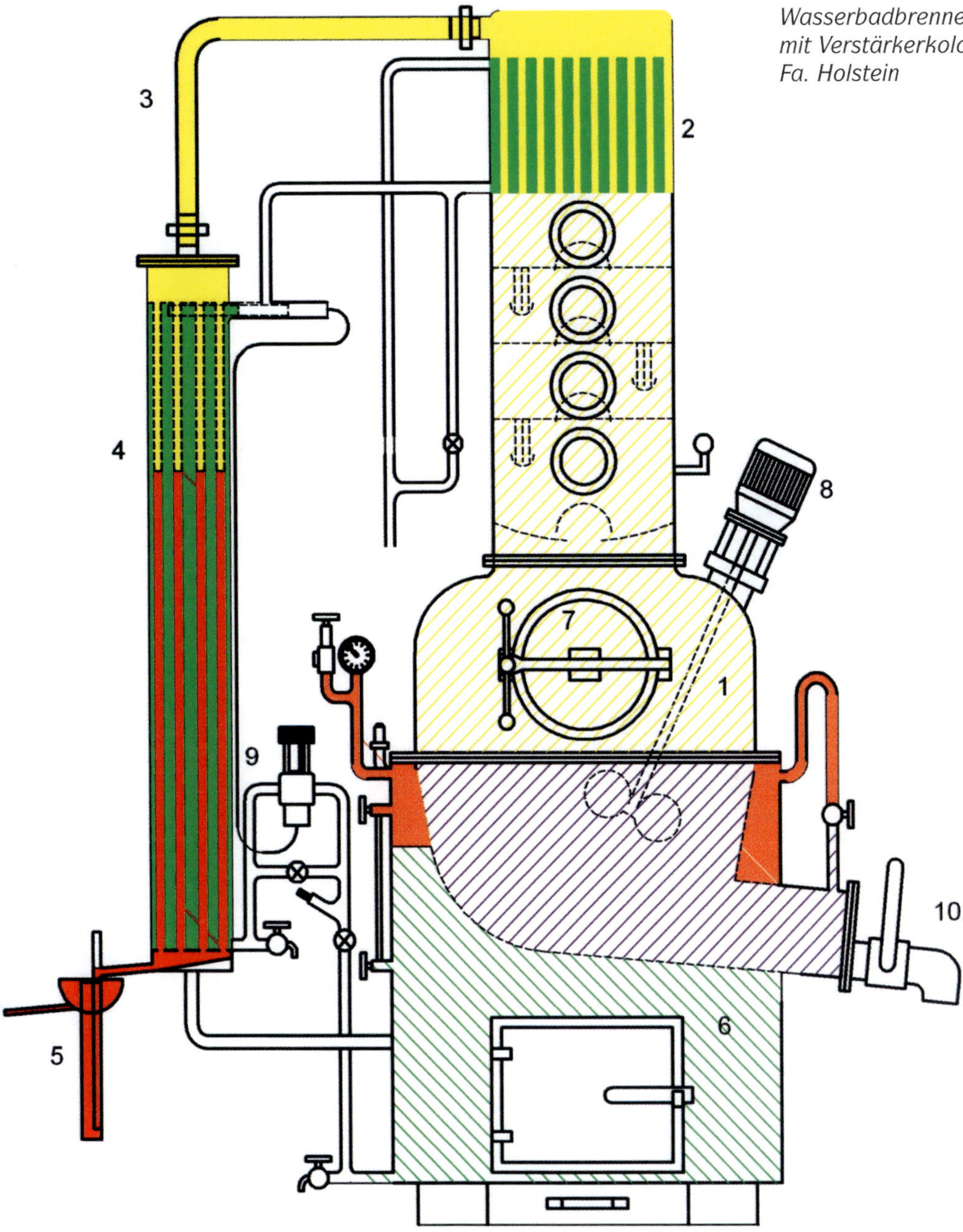


| | | | | | |
|---|---|---|---|---|---|
| *1* | *Brennblase* | *5* | *Vorlage* | *8* | *Rührwerk* |
| *2* | *Kolonne* | *6* | *Wasserbad und Feuerung* | *9* | *Kühlwasser-automatik* |
| *3* | *Geistrohr* | *7* | *Einfüllöffnung* | *10* | *Maischeauslauf* |
| *4* | *Kühler* | | | | |

Kupferanlagen nützen von Haus aus die katalysatorische Wirkung des Kupfers aus und benötigen bei langsamem Brennen keinen Katalysator. In Verbindung mit der analytischen Untersuchung auf Ethylcarbamat kann es – speziell bei Steinobstbränden und auch bei Anlagen, die zu 100 % aus Edelstahl bestehen – in manchen Fällen zu überhöhten Werten an Etylcarbamat in den Destillaten kommen. Deshalb kehrte man zum alten Kupfer zurück und versuchte auf die eine oder andere Weise, Kupferteile in der Anlage unterzubringen.

Cyanidbestandteile in der Maische, die in Steinobstmaischen mit starker Kernzerstörung besonders hoch sein können, lassen viel Ethylcarbamat entstehen. Dieses Cyanid wird durch Kupfer zum Teil gebunden, sodass daraus kein oder weniger Ethylcarbamat entstehen kann.

Katalysatoren aus Kupfer reduzieren Blausäure, Schwefelverbindungen, Essigsäure etc. im Destillat.

Wer einen Katalysator anschaffen will, sollte sich vorher beim zuständigen Zollamt erkundigen und informieren, ob ein derartiges Zusatzgerät erlaubt ist! In Deutschland ist ein Katalysator dem Vernehmen nach amtlich zugelassen, in Österreich offiziell nicht. Es ist also besser, vorher zu fragen, als nachher das Gerät plombiert zu bekommen und nicht benützen zu dürfen. Für die Schweiz ist – wie mitgeteilt – eine Sondergenehmigung erforderlich.

Ein Katalysator reduziert aufgrund seiner großen Kupferoberfläche (Raschigringe oder Kupferrohrstücke) nicht nur Ethylcarbamat (Blausäure), sondern auch Schwefelverbindungen, Essigsäure und flüchtige Säuren.

Eine weitere positive Eigenschaft eines Katalysators ist eine Reduzierung von prägnanten, starken, z. T. aufdringlichen Aromen. Beispielsweise kann ein Katalysator zur Verminderung des Aromas von Schwarzen Johannisbeeren, Schwarzem Holunder, Vogelbeeren etc. eingesetzt werden.

Zur Korrektur von Fehlern (unreifes, grünes Obst, Eintrag von sonstigen Bitterstoffen, fauliges Obst etc.) hilft natürlich auch ein Katalysator nicht!

Einige weitere Überlegungen **vor der Anschaffung** eines Katalysators sollten auf alle Fälle angestellt werden:

- Untersuchung der frischen Destillate auf den Gehalt an Ethylcarbamat
- Untersuchung der gelagerten Destillate auf den Gehalt an Ethylcarbamat

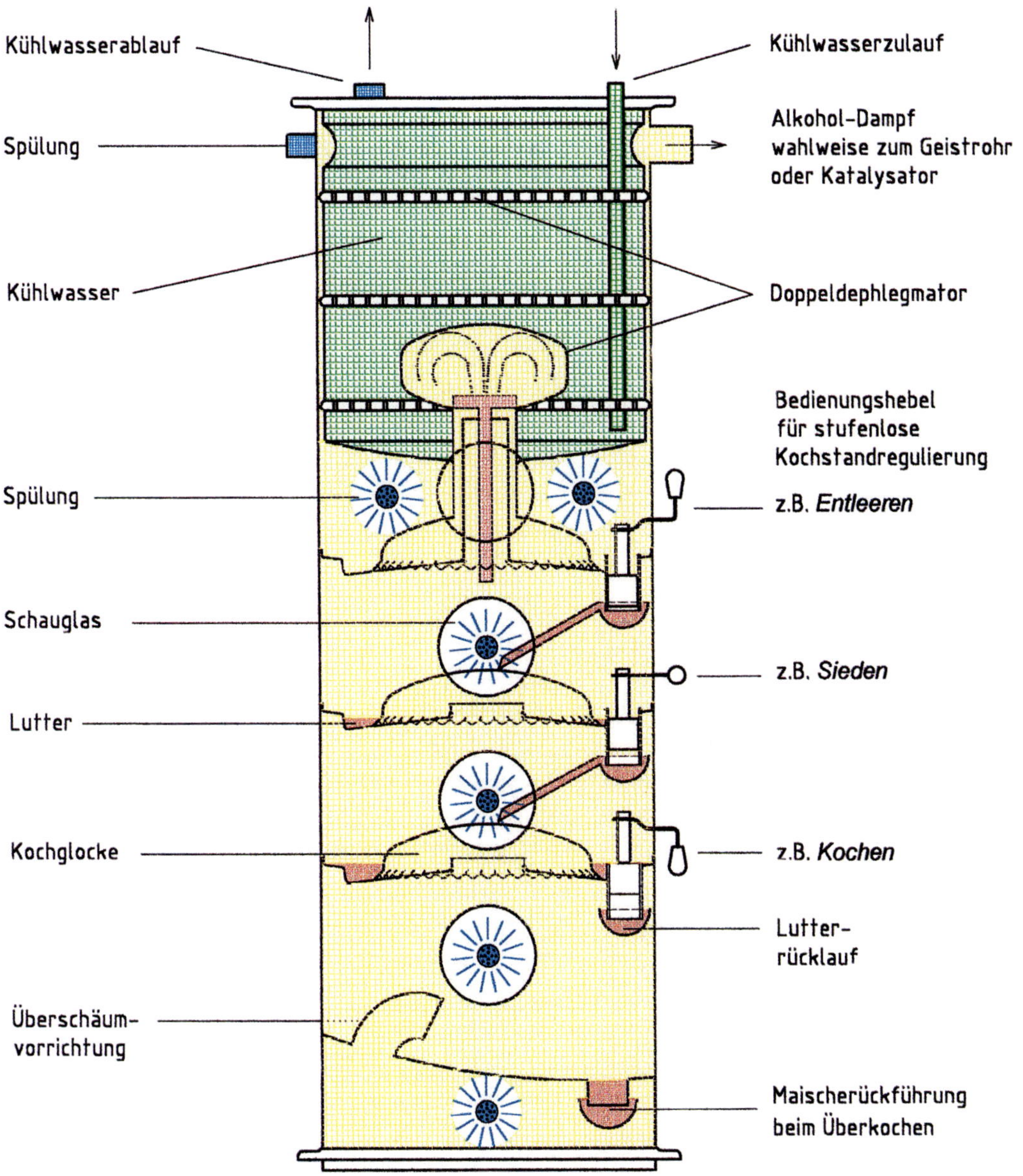


*Verstärkeranlage mit Kochböden (Firma Kothe) und Spühleinrichtung (Arbeitsweise siehe linke Seite)*

- Überprüfung der Einmaischtechnik (Kernzerstörung!)
- Überprüfung der Lagermodalitäten für die Destillate (Glas, Keramik, Edelstahl, Kunststoff) bzw. der Temperatur (warm, kalt) und der Lichtverhältnisse (hell, dunkel, Tageslicht, Sonnenlicht, Kunstlicht).

Ferner sollte man nicht vergessen, dass auch ein Katalysator regelmäßig gereinigt und gesäubert werden muss. Ist er verschmiert oder zugewachsen, nützt er nichts und bringt zudem unerwünschte Geruchs- bzw. Geschmacksnoten in die Destillate.

Diese Hinweise gelten vorwiegend für Obstbrenner.

### Verstärkerböden

Verstärkerböden ermöglichen es, in nur einem Arbeitsvorgang sehr hohe Alkoholgehalte zu erlangen.

Sinn und Funktionsweise der Verstärkerböden wurden bereits erklärt. Ein Verstärkerboden ist, wie der Name aussagt, eine Verstärkereinrichtung.

Man muss mindestens vier Mal destillieren (ohne die geringste Verstärkungseinrichtung), um auf über 80 % vol. Alkohol im Destillat zu kommen. Dies gilt für einen Ausgangsalkoholgehalt in der Maische von ca. 10 % vol. Je höher der Alkoholgehalt in der kochenden Maische ist, umso kleiner wird der Verstärkungsfaktor.

Abfindungsbrennereien dürfen z. B. nur drei Verstärkerböden installieren und kommen auf diese Weise in einem Arbeitsgang bequem über 80–85 % vol.

Landwirtschaftliche Verschlussbrennereien, die z. B. aus Kartoffeln oder Mais Rohsprit erzeugten, besaßen 5–8 Verstärkerböden und erreichten 85–90 % vol. Seit dem Fall des Monopolgesetzes gibt es diese Art der Rohspriterzeugung bei uns kaum mehr.

Reinigungs- bzw. Rektifizieranstalten, die diesen Rohsprit auf Primasprit umarbeiteten, brauchten bereits über 40 Verstärkerböden, um eine Konzentration von 96–97 % vol. zu erreichen.

### Ist ein Rührwerk unbedingt erforderlich?

Ein Rührwerk ist aus zwei Gründen und unter gewissen Voraussetzungen bzw. Gegebenheiten erforderlich.

1. Nur in der Raubrandblase, also beim Maischebrennen.
2. Nur bei direkter Beheizung der Brennblase, um ein Anbrennen der Maische und damit Geruchs- und Geschmacksfehler im Destillat zu vermeiden.

Ansonsten wird in der Regel kein Rührwerk benötigt.

*Links: Brennanlage mit Verstärkeranlage über der Blase (Verstärkerböden)*
*Rechts: Helm über der Brennblase in Kugelform*

## Inhaltsstoffe von diversen Whiskys

Im Buch wird öfter erwähnt, dass im Vorlauf und im Nachlauf leichtflüchtige und schwerflüchtige negative Inhaltsstoffe abgetrennt werden sollen, um die Qualität des Mittellaufs nicht negativ zu beeinflussen. Um die folgenden Ausführungen zu vereinfachen, wollen wir bei den leichtflüchtigen Inhaltsstoffen (Gärungsnebenprodukte) als Beispiel einen Aldehyd (Acetaldehyd) und einen Ester (Ethylacetat) heranziehen und bei den schwerflüchtigen Inhaltsstoffen die Fuselöle (2-Methyl-Butanol-1 und 3-Methylbutanol-1).

Im Feinbrand lassen sich auch trotz sorgfältiger Vor- und Nachlaufabtrennung immer noch Spuren bzw. geringe Mengen von negativen Gärungsnebenprodukten finden. Ein Grund dafür ist, dass wir ein druckloses, offenes Destillationssystem und zudem eine Wasserdampfdestillation haben. Auch wenn mit geringer Feuerung und geringer Wallung langsam und vorsichtig gebrannt wird, gelangen immer wieder Flüssigkeitstropfen mit dem Dampf in das Geistrohr und damit in Kühler und Vorlage. In der kochenden Flüssigkeit befinden sich alle Gärungsnebenprodukte, die auch in der reifen Maische vorhanden waren. Dies wäre die erste Erklärung.

Die zweite Ursache hängt mit der Reinigung des Geistrohres zusammen. Bei einteiligen Anlagen (eine Brennblase) werden Raubrand und Feinbrand auf einer Anlage durchgeführt. Beim Raubrand lagern sich im Geistrohr auch Fuselöle ab, die dann beim Feinbrand langsam ausgewaschen werden und so auch in den Mittellauf gelangen können. Es wird daher empfohlen, das Geistrohr nach jedem Raubrand und speziell auch bei Sortenwechsel mit Reinigungsmittel, Wasser und einer speziellen Bürste zu reinigen.

Die dritte Erklärung hängt mit dem Destillateur selbst zusammen. Unzureichende Kenntnis der Inhaltsstoffe sowie geringe Schulung und Weiterbildung auf der sensorischen Ebene bedingen oft eine unzureichende Abtrennung von Vorlauf und Nachlauf. Destillateur ist ein Lehrberuf, der auch vom gelernten Facharbeiter laufende Schulung und Weiterbildung verlangt.

Eine vierte Begründung hängt mit dem Begriff des „Mengenbrenners“ zusammen, der möglichst viel Mittellauf aus einer Charge erhalten will und daher bei der Abtrennung von Vorlauf und Nachlauf eher sparsam hantiert.

*Destillierraum*

Aus diesen Erklärungen lassen sich einige Punkte ableiten, um ein **geschmacklich und qualitativ hochwertiges Destillat** zu erhalten:

- Beim Feinbrand mit möglichst geringer Heizleistung destillieren, langsam brennen (Fadenmethode), starkes Kochen bzw. starkes Wallen der Raubrandflüssigkeit vermeiden.
- Laufendes Üben und Schulung des Geruchs- und Geschmacksempfindens
- Möglichst viel und oft verkosten, auch Fremdprodukte, um das eigene Beurteilungsvermögen ständig zu verbessern. Ein Brenner lernt nie aus!
- Studieren Sie die Analysenergebnisse der diversen Whiskys auf den Seiten 129–132, um mit der Zeit ein immer besseres Gefühl für diese Materie zu bekommen.
- Um eine Bestätigung Ihrer eigenen Arbeitsweise zu erhalten, wäre es sicher sinnvoll, eigene Produkte auch analytisch untersuchen zu lassen. Das ist natürlich mit Kosten verbunden, gibt aber Sicherheit.

## Lagerung der Destillate und Lagerdauer

Destillate werden vor, während oder nach der Lagerung mit entmineralisiertem Wasser auf Trinkstärke herabgesetzt.

Die Lagerung der Destillate ist ein philosophisches Problem. Während einige darauf schwören, nur hochprozentige Destillate zu lagern (65–85 % vol.), verdünnen andere die hochprozentigen Destillate auf 45–50 % vol. mit entmineralisiertem Wasser und lagern anschließend das herabgesetzte Gemisch. Wieder andere setzen die Konzentration der Destillate während der Lagerzeit stufenweise herab, um dem Produkt den „Schock" des Einstellens auf Trinkstärke zu ersparen.

Alle drei Methoden führen letztlich zu akzeptablen Produkten. Eigenversuche helfen dabei, die einem persönlich optimal erscheinende Methode zu ermitteln.

Einige Voraussetzungen sind jedoch unerlässlich, um geschmacklich befriedigende Produkte zu erreichen, und zwar bezüglich:

- Lagerdauer
- Lagertemperatur
- Lagerbehälter
- Fassgröße

*Das Destillat muss in Holzfässern gelagert werden.*

### Lagerdauer

Eine mehrjährige Lagerdauer sollte erfolgen, mindestens jedoch sollte ein Destillat **drei Jahre** gelagert werden.

Wichtig ist auch die zweite Lagerung nach Einstellung auf Trinkstärke. Nach der Vermischung von Destillat und Wasser entsteht ein neues „Gefüge", das sich erst allmählich abrundet und egalisiert. Es sollte also vor Abfüllung eine zweite Lagerung von mindestens vier bis sechs Wochen eingehalten werden.

Zur Kontrolle des Produktes sollte einmal pro Jahr die Alkoholkonzentration ermittelt und bei Lagerung in gebrauchten Holzfässern halbjährlich eine sensorische Überprüfung durchgeführt werden.

**WICHTIG** Faustregel

Keine Verkostung ohne Vergleichsmaterial!

Man kann frisches Destillat, in einer dunklen Glasflasche aufbewahrt, und ein Fertigprodukt, das den Ansprüchen entspricht, zum Vergleich heranziehen. Man erkennt auf diese Art, wie sich das gelagerte Produkt bereits positiv entwickelt hat bzw. was noch fehlt, um das Ziel zu erreichen.

### Lagertemperatur

Die Lagerung erfolgt in **warmen Räumen** (20–25 °C), für den Winter sollte eine Heizmöglichkeit vorgesehen werden. Bei warmer Lagerung vollzieht sich die Esterbildung rascher und komplexer als bei kalter Lagertemperatur. Die warme Temperatur ist also notwendig, um einen optimalen Bukettausbau zu erreichen. Es ist erstaunlich zu beobachten, wie sich mit fortschreitender Lagerung Bukett, Reintönigkeit und Abrundung verändern und verbessern.

Vorsicht bei der Verwendung neuer Holzfässer! Beim Kauf von Fässern immer vorher erkundigen, aus welchem Holz die Fässer gefertigt werden. Nicht jedes Holz eignet sich für die Lagerung von Destillaten.

### Lagerbehälter

Geeignete Lagerbehälter sind **Holzfässer** aus **diversen Eichenholzsorten**. In Irland und Schottland wurden seit jeher Holzfässer für die Lagerung importiert. In Amerika hat sich die Amerikanische Weiß-Eiche (*Quercus alba*) für die Fasserzeugung durchgesetzt und in Europa wird vorwiegend das Holz der europäischen Stieleiche (*Quercus robur*) verwendet. Letztere unterscheidet sich von der amerikanischen Art hauptsächlich dadurch, dass das Holz poröser und grobporiger ist und der Whisky darin schneller reift. Der Tanningehalt des Holzes verleiht den Destillaten eine nussige und fruchtige Note.

In Frankreich verwendet man das Holz der Limousin-Eiche und der Allier-Eiche.

Man unterscheidet Fässer aus neuem Holz und Fässer, **die vorher schon mit anderen Flüssigkeiten befüllt** worden waren, z. B. mit Sherry-Wein, Madeirawein, Portwein, Rum, Bourbon-Whiskey etc. Die Verwendung bereits vorbenützter Fässer wird gerne dazu verwendet, um zusätzliche geschmackliche Nuancen in den Whisky zu bringen. Die Aufbewahrung von Whisky in bereits benützten Fässern kann unterschiedlich lange erfolgen, um ein kräftiges oder nur ein dezentes Fremdaroma zu erreichen. Mit jeder weiteren Füllung lässt diese Geschmacks- und Geruchsübertragung immer mehr nach, sodass mit der Zeit nur noch der eigentliche Sinn der Fasslagerung, nämlich die Reifung und Alterung des Destillats, erfolgt.

*Barrique-Fässer eignen sich gut für die Lagerung.*

Gewarnt werden muss vor dem Einsatz neuer Eichenfässer bzw. vor jeder Verwendung neuer Holzfässer. Da hochprozentiger Alkohol die Inhaltsstoffe des Holzes rasch auslaugt, erhalten Produkte, die zu lange auf neuem Holz liegen, nicht nur eine dunkle bis schwarzbraune Farbe, sondern auch einen derart starken Holzton (Holzgeschmack), dass sie ungenießbar werden. **Also Vorsicht bei neuem Holzgebinde.**

**Werden neue Fässer verwendet, sollte 14-tägig eine Verkostung erfolgen**, und **bevor der Holzton den Produktton überwiegt, muss das Destillat aus dem Fass heraus** und in ein gebrauchtes Fass oder ein neutrales Material umgefüllt werden.

*Die Lagerung im Holzfass verleiht dem Whisky eine ergänzende Note.*

In Amerika, wo Holzfässer für die Lagerung von Bourbon nur einmal verwendet werden dürfen, werden die Fässer vor dem Einsatz innen ausgebrannt bzw. angekohlt. Dadurch werden unerwünschte Holzaromen eliminiert. Durch den Vanilleton, der infolge der Karamellisierung des Holzzuckers beim Ausbrennen entsteht, erhalten amerikanische Whiskeys zudem ganz andere Geschmacksnoten als europäische.

**Die Lagerung und speziell die warme Lagerung in Holzgebinden hat den Zweck, die Veresterung und Aromabildung im Destillat zu ermöglichen und zu forcieren, und natürlich auch, Farbe an die Destillate abzugeben.**

*Behälter aus Edelstahl, holzeis.at*

Hierzu trägt der Sauerstoffaustausch, den das Holzfass durch seine Poren ermöglicht, in hohem Maße bei. Bei Verwendung von 100 % Rauchmalz wird die rauchige Note mit zunehmender Lagerdauer im Holzfass zudem milder und runder. Bei der Destillatlagerung in Holzgebinden und in warmen Räumen kommt es jedoch im Lauf des Jahres auch zu Alkohol- und zu Flüssigkeitsverlusten durch Verdunstung („Anteil der Engel", wie die Schotten dazu sagen). Es empfiehlt sich daher, einmal jährlich den Schwund (Verlust) durch Nachfüllen mit frischem Destillat oder Wasser auszugleichen.

Die Holzfässer können mit einem Holzspund fest verschlossen werden, da die Atmung bzw. der Luftaustausch durch die Poren des Holzes erfolgt. Auf die Vor- und Nachteile der Lagerung von Destillaten in Holzgebinden wurde bereits hingewiesen. Es gibt auch die Möglichkeit, die **Destillate in Edelstahlbehältern (V2A oder V4A)**, in **Steingutbehältern** oder in **emaillierten Stahlbehältern** zu lagern. Hier findet jedoch kein Sauerstoffaustausch, also keine Reifung statt. Derartige Behälter sollten also erst nach einer Holzfasslagerung eingesetzt werden, da sich die Qualität eines Destillates hierin kaum mehr verändert.

### Fassgröße

Die Fassgröße richtet sich nach der Größe der Brenngeräte, also nach der Menge Mittellauf, die pro Brenncharge erzeugt wird. Reine Hobby-Brenner und Neulinge sollten mit kleinen Holzfässern beginnen (3–50 l Inhalt). Brenner, die die Angelegenheit gewerblich angehen wollen, sollten für Versuche ebenfalls mit kleinen Fässern beginnen und können dann, nach Erwerb gewisser Erfahrung, auf größere Gebinde (200, 300, 500 oder gar 600–700 l) übergehen.

## Einstellen auf Trinkstärke

**Die Trinkstärke von Whisky liegt in der Regel bei 40 % vol.**

Es spricht nichts dagegen, höhere Konzentrationen einzustellen, z. B. 43 % vol., 45 % vol. oder gar 50 oder 60 % vol. Die Konzentration muss sich nach dem Produkt richten, d. h. danach, welche Alkoholkonzentration der „Körper" des Whiskys verträgt, bei welcher Alkoholkonzentration das Bukett und die Inhaltsstoffe optimal zur Geltung kommen und nicht vom Alkohol überdeckt werden. Es gibt natürlich auch Liebhaber hoher Trinkkonzentrationen.

Destillate liegen in der Regel mit 65–80 % vol. vor und müssen – je nach beschriebener Philosophie – vor Abgabe an den Endverbraucher auf einmal oder schrittweise auf Trinkstärke herabgesetzt werden.

**Bei der Einstellung auf Trinkstärke sind folgende Punkte zu beachten:**

- Weichwasser unter 5 °dH oder entmineralisiertes Wasser verwenden.
- Temperatur des Verschnittwassers und Temperatur des Destillates müssen gleich sein, z. B. 20 °C.
- Die Konzentration des Destillates muss exakt ermittelt werden (geeichte Spindel).
- Die Wassermenge, welche zum Einstellen auf Trinkstärke erforderlich ist, muss exakt berechnet werden, um die Kontraktion (die Volumenänderung des Alkohols) zu berücksichtigen. Hierzu gibt es genaue Tabellen, welche eine korrekte Arbeitsweise ermöglichen.
- Nach Einstellung auf Trinkstärke ist nochmals die Konzentration zu bestimmen.

**VORSICHT** **Farbstoffe verfälschen**

Bei stark gefärbten Produkten ist die Alkoholbestimmung mittels Spindel unrichtig, da Farbstoffe etc. das Ergebnis verfälschen. Hier muss zur Alkoholbestimmung die Probedestillation angewandt werden.

- Um Trübungen im Endprodukt zu vermeiden, empfiehlt sich eine Filtration des Fertigproduktes über Schichten- oder Kerzenfilter.

## Tabelle zur Bestimmung des wirklichen Alkoholgehaltes in Volumprozenten für Alkoholomete

| Abgelesene Grade am Alkoholmeter | Temperatur nach Celsius | | | | | | | | | |
|---|---|---|---|---|---|---|---|---|---|---|
| | 5 | 6 | 7 | 8 | 9 | 10 | 11 | 12 | 13 | 14 |
| **35** | 41,1 | 40,7 | 40,3 | 39,9 | 39,5 | 39,1 | 38,7 | 38,3 | 37,9 | 37,4 |
| **36** | 42,1 | 41,7 | 41,3 | 40,9 | 40,5 | 40,1 | 39,7 | 39,3 | 38,8 | 38,4 |
| **37** | 43,1 | 42,7 | 42,3 | 41,9 | 41,5 | 41,1 | 40,6 | 40,2 | 39,8 | 39,4 |
| **38** | 44,0 | 43,6 | 43,2 | 42,8 | 42,4 | 42,0 | 41,6 | 41,2 | 40,8 | 40,4 |
| **39** | 45,0 | 44,6 | 44,2 | 43,8 | 43,4 | 43,0 | 42,6 | 42,2 | 41,8 | 41,4 |
| **40** | 45,9 | 45,5 | 45,1 | 44,8 | 44,4 | 44,0 | 43,6 | 43,2 | 42,8 | 42,4 |
| **41** | 46,9 | 46,5 | 46,1 | 45,7 | 45,3 | 44,9 | 44,5 | 44,2 | 43,8 | 43,4 |
| **42** | 47,8 | 47,4 | 47,1 | 46,7 | 46,3 | 45,9 | 45,5 | 45,1 | 44,7 | 44,4 |
| **43** | 48,8 | 48,4 | 48,0 | 47,6 | 47,3 | 46,9 | 46,5 | 46,1 | 45,7 | 45,3 |
| **44** | 49,7 | 49,3 | 49,0 | 48,6 | 48,2 | 47,8 | 47,5 | 47,1 | 46,7 | 46,3 |
| **45** | 50,7 | 50,3 | 49,9 | 49,6 | 49,2 | 48,8 | 48,4 | 48,1 | 47,7 | 47,3 |
| **46** | 51,6 | 51,3 | 50,9 | 50,5 | 50,2 | 49,8 | 49,4 | 49,0 | 48,7 | 48,3 |
| **47** | 52,6 | 52,2 | 51,8 | 51,5 | 51,1 | 50,7 | 50,4 | 50,0 | 49,6 | 49,3 |
| **48** | 53,5 | 53,2 | 52,8 | 52,4 | 52,1 | 51,7 | 51,4 | 51,0 | 50,6 | 50,2 |
| **49** | 54,5 | 54,1 | 53,8 | 53,4 | 53,1 | 52,7 | 52,3 | 52,0 | 51,6 | 51,2 |
| **50** | 55,4 | 55,1 | 54,7 | 54,4 | 54,0 | 53,7 | 53,3 | 52,9 | 52,6 | 52,2 |
| **51** | 56,4 | 56,1 | 55,7 | 55,3 | 55,0 | 54,6 | 54,3 | 53,9 | 53,6 | 53,2 |
| **52** | 57,4 | 57,0 | 56,7 | 56,3 | 56,0 | 55,6 | 55,3 | 54,9 | 54,5 | 54,2 |
| **53** | 58,3 | 58,0 | 57,6 | 57,3 | 56,9 | 56,6 | 56,2 | 55,9 | 55,5 | 55,2 |
| **54** | 59,3 | 58,9 | 58,6 | 58,3 | 57,9 | 57,6 | 57,2 | 56,9 | 56,5 | 56,1 |
| **55** | 60,2 | 59,9 | 59,6 | 59,2 | 58,9 | 58,5 | 58,2 | 57,8 | 57,5 | 57,1 |
| **56** | 61,2 | 60,9 | 60,5 | 60,2 | 59,9 | 59,4 | 59,2 | 58,8 | 58,5 | 58,1 |
| **57** | 62,2 | 61,8 | 61,5 | 61,2 | 60,8 | 60,5 | 60,1 | 59,8 | 59,5 | 59,1 |
| **58** | 63,1 | 62,8 | 62,5 | 62,1 | 61,8 | 61,5 | 61,1 | 60,8 | 60,4 | 60,1 |
| **59** | 64,1 | 63,8 | 63,4 | 63,1 | 62,8 | 62,4 | 62,1 | 61,8 | 61,4 | 61,1 |
| **60** | 65,1 | 64,7 | 64,4 | 64,1 | 63,8 | 63,4 | 63,1 | 62,7 | 62,4 | 62,1 |
| **61** | 66,0 | 65,7 | 65,4 | 65,1 | 64,7 | 64,4 | 64,1 | 63,7 | 63,4 | 63,1 |
| **62** | 67,0 | 66,7 | 66,4 | 66,0 | 65,7 | 65,4 | 65,0 | 64,7 | 64,4 | 64,0 |
| **63** | 68,0 | 67,7 | 67,3 | 67,0 | 66,7 | 66,3 | 66,0 | 65,7 | 65,4 | 65,0 |
| **64** | 68,9 | 68,6 | 68,3 | 68,0 | 67,7 | 67,3 | 67,0 | 66,7 | 66,3 | 66,0 |
| **65** | 69,9 | 69,6 | 69,3 | 68,9 | 68,6 | 68,3 | 68,0 | 67,7 | 67,3 | 67,0 |
| **66** | 70,9 | 70,6 | 70,2 | 69,9 | 69,6 | 69,3 | 69,0 | 68,6 | 68,3 | 68,0 |
| **67** | 71,8 | 71,5 | 71,2 | 70,9 | 70,6 | 70,3 | 69,9 | 69,6 | 69,3 | 69,0 |
| **68** | 72,8 | 72,5 | 72,2 | 71,9 | 71,5 | 71,2 | 70,9 | 70,6 | 70,3 | 70,0 |
| **69** | 73,8 | 73,5 | 73,1 | 72,8 | 72,5 | 72,2 | 71,9 | 71,6 | 71,3 | 70,9 |
| **70** | 74,7 | 74,4 | 74,1 | 73,8 | 73,5 | 73,2 | 72,9 | 72,6 | 72,2 | 71,9 |

## mit 20 °C Eichtemperatur (Volumenkonzentration bei 20 °C)

| Temperatur nach Celsius | | | | | | | | | | |
|---|---|---|---|---|---|---|---|---|---|---|
| 15 | 16 | 17 | 18 | 19 | 20 | 21 | 22 | 23 | 24 | 25 |
| 37,0 | 36,6 | 36,2 | 35,8 | 35,4 | 35,0 | 34,6 | 34,2 | 33,8 | 33,4 | 33,0 |
| 38,0 | 37,6 | 37,2 | 36,8 | 36,4 | 36,0 | 35,6 | 35,2 | 34,8 | 34,4 | 34,0 |
| 39,0 | 38,6 | 38,2 | 37,8 | 37,4 | 37,0 | 36,6 | 36,2 | 35,8 | 35,4 | 35,0 |
| 40,0 | 39,6 | 39,2 | 38,8 | 38,4 | 38,0 | 37,6 | 37,2 | 36,8 | 36,4 | 36,0 |
| 41,0 | 40,6 | 40,2 | 39,8 | 39,4 | 39,0 | 38,6 | 38,2 | 37,8 | 37,4 | 37,0 |
| 42,0 | 41,6 | 41,2 | 40,8 | 40,4 | 40,0 | 39,6 | 39,2 | 38,8 | 38,4 | 38,0 |
| 43,0 | 42,6 | 42,2 | 41,8 | 41,4 | 41,0 | 40,6 | 40,2 | 39,8 | 39,4 | 39,0 |
| 44,0 | 43,6 | 43,2 | 42,8 | 42,4 | 42,0 | 41,6 | 41,2 | 40,8 | 40,4 | 40,0 |
| 44,9 | 44,6 | 44,2 | 43,8 | 43,4 | 43,0 | 42,6 | 42,2 | 41,8 | 41,4 | 41,0 |
| 45,9 | 45,5 | 45,2 | 44,8 | 44,4 | 44,0 | 43,6 | 43,2 | 42,8 | 42,4 | 42,0 |
| 46,9 | 46,5 | 46,2 | 45,8 | 45,4 | 45,0 | 44,6 | 44,2 | 44,8 | 44,4 | 43,1 |
| 47,9 | 47,5 | 47,1 | 46,8 | 46,4 | 46,0 | 45,6 | 45,2 | 44,8 | 44,5 | 44,1 |
| 48,9 | 48,5 | 48,1 | 47,8 | 47,4 | 47,0 | 46,6 | 46,2 | 45,9 | 45,5 | 45,1 |
| 49,9 | 49,5 | 49,1 | 48,8 | 48,4 | 48,0 | 47,6 | 47,2 | 46,9 | 46,5 | 46,1 |
| 50,9 | 50,5 | 50,1 | 49,7 | 49,4 | 49,0 | 48,6 | 48,2 | 47,9 | 47,5 | 47,1 |
| 51,8 | 51.5 | 51,1 | 50,7 | 50,4 | 50,0 | 49,6 | 49,3 | 48,9 | 48,5 | 48,1 |
| 52,8 | 52,5 | 52,1 | 51,7 | 51,4 | 51,0 | 50,6 | 50,3 | 49,9 | 49,5 | 49,1 |
| 53,8 | 53,5 | 53,1 | 52,7 | 52,4 | 52,0 | 51,6 | 51,3 | 50,9 | 50,5 | 50,2 |
| 54,8 | 54,4 | 54,1 | 53,7 | 53,4 | 53,0 | 52,6 | 52,3 | 51,9 | 51,5 | 51,2 |
| 55,8 | 55,4 | 55,1 | 54,7 | 54,4 | 54,0 | 53,6 | 53,3 | 52,9 | 52,5 | 52,2 |
| 56,8 | 56,4 | 56,1 | 55,7 | 55,4 | 55,0 | 54,6 | 54,3 | 53,9 | 53,6 | 53,2 |
| 57,8 | 57,4 | 57,1 | 56,7 | 56,4 | 56,0 | 55,6 | 55,3 | 54,9 | 54,6 | 54,2 |
| 58,8 | 58,4 | 58,1 | 57,7 | 57,4 | 57,0 | 56,6 | 56,3 | 55,9 | 55,6 | 55,2 |
| 59,7 | 59,4 | 59,1 | 58,7 | 58,4 | 58,0 | 57,6 | 57,3 | 56,9 | 56,6 | 56,2 |
| 60,7 | 60.4 | 60,0 | 59,7 | 59,3 | 59,0 | 58,6 | 58,3 | 57,9 | 57,6 | 57,2 |
| 61,7 | 61,4 | 61,0 | 60,7 | 60,3 | 60,0 | 59,7 | 59,3 | 58,9 | 58,6 | 58,2 |
| 62,7 | 62,4 | 62,0 | 61,7 | 61,3 | 61,0 | 60,7 | 60,3 | 60,0 | 59,6 | 59,3 |
| 63,7 | 63,4 | 63,0 | 62,7 | 62,3 | 62,0 | 61,7 | 61,3 | 61,0 | 60,6 | 60,3 |
| 64,7 | 64,4 | 64,0 | 63,7 | 63,3 | 63,0 | 62,7 | 62,3 | 62,0 | 61,6 | 61,3 |
| 65,7 | 65,3 | 65,0 | 64,7 | 64,3 | 64,0 | 63,7 | 63,3 | 63,0 | 62,6 | 62,3 |
| 66,7 | 66,3 | 66,0 | 65,7 | 65,3 | 65,0 | 64,7 | 64,3 | 64,0 | 63,6 | 63,3 |
| 67,7 | 67,3 | 67,0 | 66,7 | 66,3 | 66,0 | 65,7 | 65,3 | 65,0 | 64,6 | 64,3 |
| 68,6 | 68,3 | 68,0 | 67,7 | 67,3 | 67,0 | 66,7 | 66,3 | 66,0 | 65,7 | 65,3 |
| 69,6 | 69,3 | 69,0 | 68,7 | 68,3 | 68,0 | 67,7 | 67,3 | 67,0 | 66,7 | 66,3 |
| 70,6 | 70,3 | 70,0 | 69,7 | 69,3 | 69,0 | 68,7 | 68,3 | 68,0 | 67,7 | 67,3 |
| 71,6 | 71,3 | 71,0 | 70,6 | 70,3 | 70,0 | 69,7 | 69,3 | 69,0 | 68,7 | 68,4 |

## Mischungstabelle für die Herabsetzung hochprozentiger Destillate

Die Tabelle gibt die Anzahl der Liter Wasser an, welche zu 100 l Destillat zuzusetzen sind, um die gewünschte Trinkstärke zu erhalten

| Alkoholgehalt (% vol.) | Gewünschter Alkoholgehalt (% vol.) | | | | | | | | | | | | | | | | | |
|---|---|---|---|---|---|---|---|---|---|---|---|---|---|---|---|---|---|---|
| | 34 | 35 | 36 | 37 | 38 | 39 | 40 | 41 | 42 | 43 | 44 | 45 | 46 | 47 | 48 | 49 | 50 | 51 |
| **79** | 136,5 | 129,8 | 123,5 | 117,6 | 111,9 | 106,5 | 101,4 | 96,5 | 91,8 | 87,3 | 83,1 | 79,0 | 75,1 | 71,3 | 67,8 | 64,3 | 61,0 | 57,8 |
| **78** | 133,4 | 126,8 | 120,5 | 114,7 | 109,1 | 103,7 | 98,7 | 93,9 | 89,2 | 84,8 | 80,6 | 76,6 | 72 8 | 69,0 | 65,5 | 62,1 | 58,5 | 55 7 |
| **77** | 130,3 | 123,8 | 117,6 | 111,8 | 106,3 | 101,0 | 96,0 | 91,3 | 86,7 | 82,3 | 78,2 | 74 2 | 70,5 | 66,7 | 63,3 | 59,9 | 56,7 | 53,6 |
| **76** | 127,2 | 120,8 | 114,7 | 109,0 | 103,5 | 98,3 | 93,4 | 88,7 | 84,2 | 79,9 | 75,8 | 71,9 | 68,2 | 64,5 | 61,1 | 57,8 | 54,6 | 51,5 |
| **75** | 124,1 | 117,8 | 111,8 | 106,2 | 100,7 | 95,6 | 90,8 | 86,1 | 81,7 | 77,4 | 73,4 | 69,5 | 65,9 | 62? | 58,9 | 55,6 | 52,4 | 49,4 |
| **74** | 121,0 | 114,8 | 108,8 | 103,3 | 97,9 | 92,9 | 88,1 | 83,5 | 79,2 | 74,9 | 71,0 | 67,1 | 63,6 | 60,0 | 56,7 | 53,4 | 50,3 | 47,3 |
| **73** | 117,9 | 111,8 | 105,9 | 100,4 | 95,1 | 90,2 | 85,5 | 80,9 | 76,7 | 72,4 | 68,6 | 64,8 | 61,3 | 57,7 | 54,4 | 51,2 | 48,2 | 45,2 |
| **72** | 114,9 | 108,8 | 103,0 | 97,6 | 92,4 | 87,5 | 82,9 | 78,4 | 74,2 | 70,0 | 66,2 | 62,5 | 59,0 | 55,5 | 52,3 | 49,1 | 46,1 | 43,2 |
| **71** | 111,8 | 105,8 | 100,1 | 94,7 | 89,6 | 84,8 | 80,2 | 75,8 | 71,6 | 67 5 | 63,8 | 60,1 | 56,7 | 53,2 | 50,0 | 46,9 | 43,9 | 41,0 |
| **70** | 108,7 | 102,8 | 97,2 | 91,8 | 86,8 | 82,1 | 77,6 | 73,2 | 69,1 | 65,1 | 61,4 | 57,7 | 54,4 | 50,9 | 47,8 | 44,7 | 41,8 | 39,0 |
| | | | | | | | | | | | | | | | | | | |
| **69** | 105,7 | 99,8 | 94,3 | 89,1 | 84,1 | 79,4 | 75,0 | 70,7 | 66,6 | 62,7 | 59,0 | 55,4 | 52,1 | 48,7 | 45,6 | 42,6 | 39,7 | 36,9 |
| **68** | 102,6 | 96,8 | 91,4 | 86,2 | 81,3 | 76,7 | 72,3 | 68,1 | 64,1 | 60,2 | 56,6 | 53,0 | 49,8 | 46,5 | 43,4 | 40,4 | 37,6 | 34,8 |
| **67** | 99,5 | 93,8 | 88,5 | 83,4 | 78,6 | 74,0 | 69,7 | 65,5 | 61,6 | 57,8 | 54,2 | 50,7 | 47,5 | 44,2 | 41,2 | 38,3 | 35,5 | 32,8 |
| **66** | 96,5 | 90,9 | 85,6 | 80,6 | 75,9 | 71,4 | 67,1 | 63,0 | 59,1 | 55,4 | 51,9 | 48,4 | 45,2 | 42,0 | 39,0 | 36,2 | 33,4 | 30,8 |
| **65** | 93,4 | 87,9 | 82,7 | 77,8 | 73,1 | 68,7 | 64,5 | 60,4 | 56,6 | 52,9 | 49,5 | 46,1 | 42,9 | 39,8 | 36,8 | 34,0 | 31,3 | 28,7 |
| **64** | 90,2 | 84,9 | 79,8 | 75,0 | 70,3 | 66,0 | 61,9 | 57,8 | 54,1 | 50,4 | 47,1 | 43,7 | 40,6 | 37,5 | 34,6 | 31,8 | 29,2 | 26,6 |
| **63** | 87,3 | 81,9 | 76,9 | 72,2 | 67,6 | 63,3 | 59,3 | 55,3 | 51,6 | 48,0 | 44,7 | 41,4 | 38,3 | 35,3 | 32,4 | 29,7 | 27,1 | 24,5 |
| **62** | 84,3 | 79,0 | 74,0 | 69,4 | 64,9 | 60,7 | 56,7 | 52,8 | 49,2 | 45,6 | 42,3 | 39,1 | 36,1 | 33,1 | 30,3 | 27,6 | 25,0 | 22,5 |
| **61** | 81,2 | 76,0 | 71,1 | 66,5 | 62,1 | 58,0 | 54,1 | 50,2 | 46,7 | 43,1 | 39,9 | 36,8 | 33,8 | 30,8 | 28,1 | 25,4 | 22,9 | 20,4 |
| **60** | 78,2 | 73,0 | 68,2 | 63,7 | 59,4 | 55,3 | 51,5 | 47,7 | 44,2 | 40,7 | 37,5 | 34,5 | 31,5 | 28,6 | 25,9 | 23,3 | 20,8 | 18,3 |

| | | | | | | | | | | | | | | | | | | |
|---|---|---|---|---|---|---|---|---|---|---|---|---|---|---|---|---|---|---|
| **59** | 75,1 | 70,1 | 65,4 | 60,9 | 56,7 | 52,7 | 48,9 | 45,2 | 41,7 | 38,3 | 35,2 | 32,2 | 29,3 | 26,4 | 23,8 | 21,2 | 18,7 | 16,3 |
| **58** | 72,0 | 67,1 | 62,5 | 58,1 | 53,9 | 50,0 | 46,3 | 42,6 | 39,2 | 35,9 | 32,8 | 29,8 | 27,0 | 24,2 | 21,6 | 19,0 | 16,6 | 14,2 |
| **57** | 69,0 | 64,1 | 59,8 | 55,3 | 51,2 | 47,3 | 43,7 | 40,l | 36,7 | 33,5 | 30,4 | 27,5 | 24,7 | 22,0 | 19,4 | 16,9 | 14,5 | 12,2 |
| **56** | 66,0 | 61,2 | 56,7 | 52,5 | 48,5 | 44,7 | 41,1 | 37,6 | 34,3 | 31,1 | 28,1 | 25,2 | 22,5 | 19,8 | 17,2 | 14,8 | 12,4 | 10,2 |
| **55** | 62,9 | 58,2 | 53,8 | 49,7 | 45,8 | 42,0 | 38,4 | 35,0 | 31,8 | 28,7 | 25,7 | 22,9 | 20,2 | 17,5 | 15,1 | 12,6 | 10,3 | 8,1 |
| **54** | 59,8 | 55,2 | 50,9 | 46,9 | 43,0 | 39,3 | 35,8 | 32,5 | 29,3 | 26,3 | 23,3 | 20,6 | 17,9 | 15,3 | 12,9 | 10,5 | 8,2 | 6,1 |
| **53** | 56,8 | 52,3 | 48,0 | 44,1 | 40,3 | 36,7 | 33,2 | 30,0 | 26,8 | 23.9 | 21,0 | 18,3 | 15,6 | 13,1 | 10,7 | 8,4 | 6,2 | 4,1 |
| **52** | 53,5 | 49,4 | 45,2 | 41,3 | 37.6 | 34,1 | 30,7 | 27,5 | 24,4 | 21,5 | 18,7 | 16,0 | 13,4 | 10,9 | 8,6 | 6,3 | 4,2 | 2,0 |
| **51** | 50,8 | 46,4 | 42,3 | 38,5 | 34,9 | 31,4 | 28,1 | 24,9 | 21,9 | 19,1 | 16,3 | 13,7 | 11,1 | 8,7 | 6,4 | 4,3 | 2,1 | |
| **50** | 47,8 | 43,5 | 39,5 | 35,7 | 32,2 | 28,8 | 25,5 | ot 4 | 19,5 | 16,7 | 14,0 | 11,4 | 8,9 | 6,5 | 4,3 | 2,2 | | |
| | | | | | | | | | | | | | | | | | | |
| **49** | 44,8 | 40,6 | 36,7 | 33,0 | 29,5 | 26,2 | 23,0 | 19,9 | 17,1 | 14,3 | 11,7 | 9,1 | 6,7 | 4,4 | 2,2 | | | |
| **48** | 41,7 | 37,6 | 33,8 | 30,2 | 26,8 | 23.5 | 20.4 | 17,4 | 14,6 | 11,9 | 9,3 | 6,8 | 4,5 | 2,2 | | | | |
| **47** | 38,7 | 34,7 | 31,0 | 27,4 | 24.1 | 20,9 | 17,8 | 14,9 | 12,1 | 9.5 | 7,0 | 4,5 | 2,3 | | | | | |
| **46** | 35,7 | 31,8 | 28,2 | 24,7 | 21.4 | 18,3 | 15,3 | 12,4 | 9,7 | 7,1 | 4,7 | 2,3 | | | | | | |
| **45** | 32,8 | 28,9 | 25,3 | 22,0 | 18,7 | 15,7 | 12,7 | 9,9 | 7,3 | 4,7 | 2,3 | | | | | | | |
| **44** | 29,8 | 26,0 | 22,4 | 19,2 | 16.0 | 13,0 | 10,1 | 7,4 | 4,9 | 2,4 | | | | | | | | |
| **43** | 26,8 | 23,1 | 19,6 | 16,4 | 13,3 | 10,4 | 7,6 | 5,0 | 2,5 | | | | | | | | | |
| **42** | 23,8 | 20,2 | 16.8 | 13,7 | 10,7 | 7,8 | 5,1 | 2,6 | | | | | | | | | | |
| **41** | 20,8 | 17,3 | 14.0 | 10.9 | 8,0 | 5,2 | 2,6 | | | | | | | | | | | |
| **40** | 17,8 | 14,4 | 11.2 | 8.2 | 5,3 | 2,6 | | | | | | | | | | | | |
| | | | | | | | | | | | | | | | | | | |
| **39** | 14,8 | 11.9 | 8,4 | 5,5 | 2,7 | | | | | | | | | | | | | |

**Beispiel**

Der zu verdünnende Mittellauf hat einen Alkoholgehalt von 64 % vol. Der gewünschte Alkoholgehalt soll 45 % vol. betragen. Wir suchen in der linken Spalte (Gradzahl des Branntweines, der herabgesetzt wird) die Zahl 64, gehen in der Zeile nach rechts bis zur Spalte des gewünschten Gradgehaltes (45 % vol.), dort steht die Zahl 43,7, d. h., in 100 l Mittellauf von 64 % vol. sind 43,7 l Wasser zu schütten, damit ein Alkoholgehalt von 45 % vol. erreicht wird.

## Alkohol-Umrechnungstabelle

Für die Gehaltsangabe in Volumenprozent (% vol.), Massenprozent (% mas), Gramm pro Liter (g/l) und die Dichte (g/cm$^3$) entsprechender Alkohol-Wasser-Mischungen bei 20 °C

| % vol. | % mas | g/l | (20 °C) |
|---|---|---|---|
| **26** | 21,2 | 205,2 | 0,9670 |
| **27** | 22,1 | 213,1 | 0,9658 |
| **28** | 22,9 | 221,0 | 0,9646 |
| **29** | 23,8 | 228,9 | 0,9634 |
| **30** | 24,6 | 236,8 | 0,9622 |
| **31** | 25,5 | 244,7 | 0,9609 |
| **32** | 26,4 | 252,6 | 0,9596 |
| **33** | 27,2 | 260,5 | 0,9583 |
| **34** | 28,0 | 268,4 | 0,9570 |
| **35** | 28,9 | 276,2 | 0,9556 |
| **36** | 29,8 | 284,1 | 0,9542 |
| **37** | 30,6 | 292,0 | 0,9527 |
| **38** | 31,5 | 299,9 | 0,9512 |
| **39** | 32,4 | 307,8 | 0,9496 |
| **40** | 33,3 | 315,7 | 0,9480 |
| **41** | 34,2 | 323,6 | 0,9464 |
| **42** | 35,1 | 331,5 | 0,9448 |
| **43** | 36,0 | 339,4 | 0,9431 |
| **44** | 36,9 | 347,3 | 0,9413 |
| **45** | 37,8 | 355,2 | 0,9395 |
| **46** | 38,7 | 363,1 | 0,9377 |
| **47** | 39,6 | 371,0 | 0,9359 |
| **48** | 40,6 | 378,8 | 0,9340 |
| **49** | 41,5 | 386,7 | 0,9321 |
| **50** | 42,4 | 394,6 | 0,9301 |
| **51** | 43,3 | 402,5 | 0,9282 |
| **52** | 44,3 | 410,4 | 0,9261 |
| **53** | 45,3 | 418,3 | 0,9241 |
| **54** | 46,2 | 426,2 | 0,9221 |
| **55** | 47,2 | 434,1 | 0,9199 |
| **56** | 48,2 | 442,0 | 0,9178 |
| **57** | 49,1 | 449,9 | 0,9157 |
| **58** | 50,1 | 457,8 | 0,9135 |
| **59** | 51,1 | 465,7 | 0,9113 |
| **60** | 52,1 | 473,6 | 0,9091 |
| **61** | 53,1 | 481,5 | 0,9069 |
| **62** | 54,1 | 489,3 | 0,9046 |
| **63** | 55,1 | 497,2 | 0,9023 |
| **64** | 56,1 | 505,1 | 0,9000 |
| **65** | 57,2 | 513,0 | 0,8976 |
| **66** | 58,2 | 520,9 | 0,8953 |
| **67** | 59,2 | 528,8 | 0,8929 |
| **68** | 60,3 | 536,7 | 0,8905 |
| **69** | 61,3 | 544,6 | 0,8880 |
| **70** | 62,4 | 552,5 | 0,8856 |
| **71** | 63,5 | 560,4 | 0,8830 |
| **72** | 64,6 | 568,3 | 0,8805 |
| **73** | 65,6 | 576,2 | 0,8780 |
| **74** | 66,7 | 584,1 | 0,8754 |
| **75** | 67,8 | 591,9 | 0,8728 |

Physikalisch-Technische Bundesanstalt Braunschweig und Berlin sowie Bundesmonopolverwaltung für Branntwein / Offenbach/M – „Amtliche Alkoholtafeln"

Tanner / Brunner „Obstbrennerei heute", Verlag Heller Chemie und Verwaltungsgesellschaft mbH, 1995

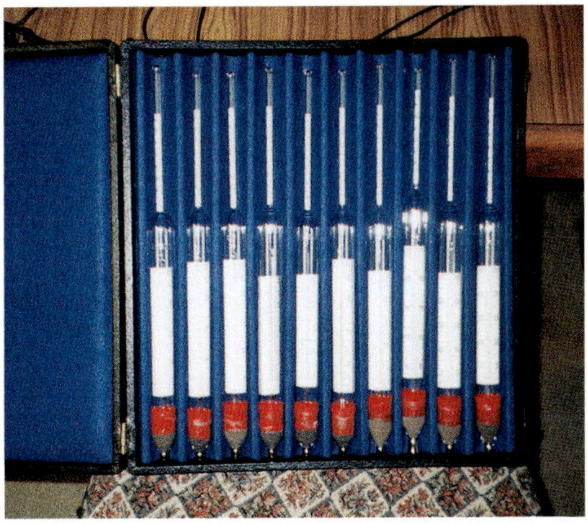

Ein Satz Alkoholspindeln – „Alkoholometer“

Amtliches Tabellenwerk

## Deklaration der Handelsware

Der hergestellte Whisky braucht nicht ausdrücklich als „Österreichischer Whisk(e)y“ bezeichnet zu werden. Whisk(e)y gilt als Gattungs- und nicht als Herkunftsbezeichnung. Trotzdem kann die Bezeichnung „österreichisches Erzeugnis“ am Etikett aufscheinen.

Auch der verwendete Rohstoff kann angeführt werden, z. B. Malz-Whisky oder Whisky aus Gerstenmalz. Für Kenner kann auch der Hinweis „unter Verwendung von Rauchmalz“ erwähnt werden.

Ansonsten genügen Name und Anschrift des Erzeugers, Nettofüllmenge, Alkoholkonzentration, Chargennummer L. Ist der Hersteller ein Abfindungsbrenner (Kornbrenner), so sollte am Etikett der Vermerk „Abfindungsbrand“ oder „In Abfindung hergestellt“ aufscheinen. Für gewerbliche Brenner entfällt diese Angabe.

Ein richtig deklarierter Whisky von Reisetbauer

## Trinktemperatur

Die Art, Whisky eisgekühlt oder mit Eiswürfeln als Longdrink anzubieten, kommt aus Amerika und hat sich auch bei uns eingebürgert. Die Trinktemperatur ist eine Philosophie. Jeder sollte selbst entscheiden, welche Art der Trinktemperatur am besten zum Getränk passt bzw. welche Art der Trinktemperatur ihm am besten erscheint. Als Orientierung kann gesagt werden, dass einige Spirituosen aufgrund ihres starken Eigenaromas kalt getrunken werden können. So z. B. Korn oder Doppelkorn, Aquavit, Bommerlunder, Wacholderbranntweine, Genever, Bierbrand, Enzian,

Meisterwurz etc. Edelbranntweine wie Weinbrände, Obstbrände und spezielle Getreidebrände wie eben Whisky sollten jedoch zimmerwarm (15–20 °C) oder handwarm in speziellen Gläsern getrunken werden, damit sich Bukett, Blume und Aroma dem Genießer voll präsentieren.

## Trinkkultur

Zur Trinkkultur gehören das richtige Glas, die richtige Trinktemperatur und Lagerung des Getränkes sowie die richtige Reinigung der Trinkgefäße. Dies gilt für alle Getränke – egal, ob Bier, Wein, Schaumwein, Spirituosen, Saft, Wasser etc. Grundsätzlich ist zu sagen, dass auch bei uns die Trinkkultur – sowohl in der Gastronomie als auch im privaten Bereich – noch zu wünschen übrig lässt.

Spirituosen, aber auch andere alkoholische Getränke sollten weder zu warm noch zu kalt serviert werden.

Zu warme, aber auch zu kalte Getränke verlieren ihren besonderen Geschmack und haben kein spezifisches Bukett mehr. Bei zu kalt servierten Spirituosen können zudem Geruchs- und Geschmacksfehler sehr gut kaschiert werden. Aus diesen Gründen wird somit empfohlen, Edelbranntweine, wie Whisky, aber auch Obst-, Wein-, Zuckerrohr- oder Wurzelbrände, nicht eiskalt zu servieren, damit sowohl der Kundige als auch der unkundige Konsument Unterschiede bzw. Intensität von Geruchs- und Aromastoffen leichter feststellen kann. Auch das berühmte Stamperl, das „ex" hinuntergestürzt wird, ist aus diesen Gründen nicht geeignet, um ein edles Produkt zu genießen.

Bei Genuss einer Spirituose, in unserem Fall eines Whiskys, sollen unsere Sinne mitwirken:

- **Auge** Farbe, Klarheit
- **Nase** Aroma, Reinheit, typgerechtes Bukett, Fremdgeruch
- **Gaumen** Reinheit, Fremdgeschmack, typgerechter Geschmack
- **Hand** Temperatur des Getränkes

Vor dem Einschenken sollte das Glas begutachtet werden. Es sollte frei sein von Fettspuren, Rückständen, Kalkbelag, Fusseln,

Spülmittelresten etc. Ferner sollte das Glas geruchsneutral sein. Die Form des Glases ist entscheidend für ein optimales Geruchserlebnis. Aus einem Stamperl oder Becher werden die Geruchsstoffe nie optimal erfasst werden können. Besser sind Cognacgläser oder Schwenker mit kleiner Öffnung und bauchigem Körper.

Sogenannte **Nosing-Gläser** gestatten das beste Geruchserlebnis, da sich die Aromastoffe im bauchigen Körper des Glases entfalten können (große Oberfläche) und im Oberteil durch die Kaminform des Glases konzentriert und so besser erfasst werden können.

Die Sitte, Whisky eisgekühlt aus dem Becherglas zu trinken, kommt aus Amerika. Dort wird beinahe alles eiskalt getrunken. Auch das Vermischen des Getränkes mit Eis kommt aus den Vereinigten Staaten. Ein Schotte würde niemals auf die Idee kommen, seinen Whisky eisgekühlt aus einem Becherglas zu trinken oder gar noch Eiswürfel zuzugeben.

Den Whisky vor dem Genuss mit Wasser zu verdünnen, ist eine eigene Philosophie. Manche geben nur einen Tropfen Wasser ins

*Whiskygläser in verschiedenster Form*

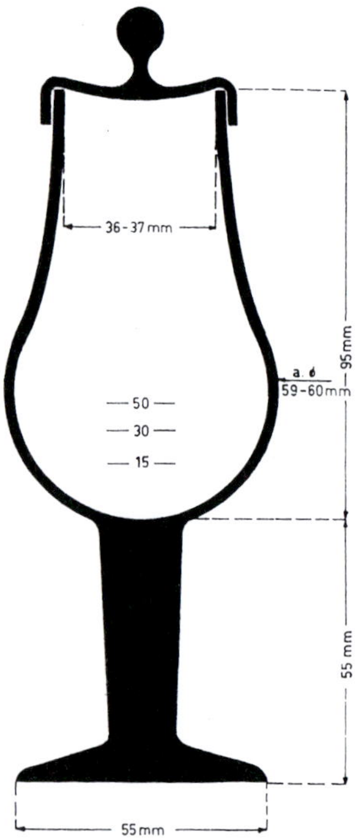


*Nosing-Glas mit Deckel*

Glas, andere verdünnen 1 : 1 mit Wasser. Dies sei jedem selbst überlassen.

Der Fachmann empfiehlt jedenfalls, einen Edelbranntwein, wie es guter Whisky ist, mit Zimmertemperatur (15–20 °C) zu servieren und handwarm zu trinken, und zwar aus einem Glas, das eine optimale Bukett-Entwicklung gestattet und somit einen reichen Sinneseindruck ermöglicht.

## Bildung der Whisky-Aromastoffe

**Auf die Aromabildung wirken verschiedene Faktoren während des gesamten Produktionsprozesses ein:**

- Malz – Rauchmalz
- Maischverfahren (pH-Wert, Temperatur, Zeit)
- Heferasse, Hefestamm
- Vergärung
- Destillation (Pot-Still, Patent-Still, Blasenform, Zeit)

*Nosing-Gläser gestatten das beste Geruchserlebnis.*

- Lagerung
  - Material (Holz, Edelstahl etc.)
  - Lagerdauer
  - Lagerparameter (Temperatur, Umwelteinflüsse)
- Vatting, Blending – Zahl der Blendbestandteile
- Lagerung der Blend-Mischung vor Füllung in Flaschen

Für die Aromaentwicklung (Geruch und Geschmack) ist primär der Rohstoff **Malz** verantwortlich. Je nachdem, ob Torf zum Darren (Trocknen) des Malzes verwendet wird und wie viel davon, enthält das Malz mehr oder weniger phenolische Substanzen, wie Benzpyrene, Nitrosamine etc., die für den **Rauchgeruch** und **Rauchgeschmack** verantwortlich zeichnen.

Vom Malz über die Gärung und Destillation bis hin zur Lagerung wirken zahlreiche Faktoren auf die Aromabildung ein.

Je stärker der „Rauch-“ oder „Torfton“ eines Whiskys ist, desto mehr überdeckt er die anderen Aromastoffe. Die Hauptmenge an Aromastoffen entsteht nämlich bei der alkoholischen **Gärung** als Stoffwechselprodukt der Hefe oder anderer Mikroorganismen. Angestrebt wird natürlich eine reine, saubere Hefegärung ohne unerwünschte Fremdorganismen.

Die Hauptprodukte der alkoholischen Gärung sind Ethylalkohol und Kohlendioxid (siehe Gärungsgleichung nach Gay Lussac auf S. 46). Daneben entstehen im Rahmen des Gärungszyklus (Embden-Meyerhof-Parnas-Schema) eine Vielzahl von sogenannten Gärungsnebenprodukten (GNPs), welche für Geruch und Geschmack eines Destillates verantwortlich sind. Es sind dies über 400 bekannte Substanzen, welche in geringen Mengen (µg oder mg/l) gebildet werden und trotzdem entscheidende Geschmacksträger sind.

Mithilfe der gaschromatographischen Analyse (GC) können leichtflüchtige und schwerflüchtige GNPs identifiziert und quantitativ bestimmt werden. Im Einzelnen handelt es sich um Aldehyde, Ester, Acetale, Ketone, niedere und höhere Alkohole, Fuselöle, flüchtige Säuren etc., die auf ganz natürliche Weise im Rahmen der alkoholischen Gärung entstehen.

Durch Fehler beim **Maischen** oder verschiedene Malzinhaltsstoffe kann die Menge dieser GNPs zum Teil stark variieren. Das Maischverfahren (Eiweißabbau, Verzuckerung) ist ein wichtiger Basisfaktor für die Bildung von GNPs, da hier niedere Zucker

(Glucose, Maltose), aber auch Saccharose und Dextrine sowie eiweißseitig Di-, Tri- und Polypeptide und eine Reihe von Aminosäuren gebildet werden. Je nachdem, welche und wie viele dieser kleinen Bausteine gebildet werden, wird die alkoholische Gärung und damit der Hefestoffwechsel in Abhängigkeit von pH-Wert und Temperatur der süßen Maische unterschiedlich ablaufen und unterschiedliche Mengen von GNPs bilden.

Die vergorene Maische (*wash*) enthält also eine Vielzahl von Stoffen, edle und unedle Stoffe bzw. leichtflüchtige und schwerflüchtige GNPs. Es ist nun Aufgabe des Destillateurs (*stillman*), im Rahmen des Brennvorganges (Rohbrand, Feinbrand) die unedlen Stoffe abzutrennen. Dies geschieht mittels richtiger Vorlaufabtrennung (leichtflüchtige, unedle Stoffe) und mittels richtiger Nachlaufabtrennung (schwerflüchtige, unedle Stoffe).

Die Tabelle auf S. 98 zeigt die Siedepunkte der in der reifen Maische vorhandenen Substanzen. Der Brenner sollte die wichtigsten dieser Substanzen geruchlich und geschmacklich kennen, um eine erfolgreiche Vorlauf- und Nachlaufabtrennung durchführen zu können.

Jeder dieser Stoffe hat einen bestimmten Siedepunkt. Die Siedepunkte der relevanten Substanzen liegen dabei zwischen 20,2 °C (Acetaldehyd) und 290 °C (Glycerin). Der Destillateur weiß also, wann in etwa die unerwünschten Stoffe verdampfen, und kann mithilfe seiner sensorischen Fähigkeiten (Nase, Gaumen) sowie praktischer Erfahrung diese Stoffe erkennen und richtig abtrennen.

Da wir es beim Destillationsprozess mit einer drucklosen Wasserdampfdestillation zu tun haben, speziell beim Pot-Still-Verfahren, wird es nicht möglich sein, störende Stoffe total zu entfernen. Es gelingt jedoch, die Hauptmengen abzuscheiden, sodass der verbleibende Rest sensorisch nicht mehr störend wirkt.

Wichtig zu wissen ist ferner, dass auch im Rahmen der **Destillation** aus flüchtigen Säuren und diversen Alkoholen wiederum Ester und auch sogenannte **azeotrope Gemische** entstehen, die ebenfalls einen Beitrag zum Geruchs- und Geschmacksprofil eines Destillates leisten.

Nach positiver Erzeugung des Feinbrandes (*middle cut*) wird das junge Destillat in Holzfässer zur **Lagerung** gefüllt und verweilt dort mindestens drei Jahre (gesetzlich vorgeschriebene Mindestlagerzeit). Viele Destillate lagern jedoch länger (z. B. 8, 10, 12, 15, 18, 20 Jahre und mehr). Da das Destillat im Holzfass atmen kann, erfolgen dort weitere Veresterungen, Oxidationen, Abrundungen und geschmackliche Veränderungen. Darüber hinaus erfolgt durch den Ethylalkohol eine **Auslaugung des Holzes**, sodass Farbstoffe, Gerbstoffe, Polyphenole, Tannine etc. in das Destillat gelangen.

Farbe ins Destillat zu bringen und geschmackliche Reifung des Destillats zu erreichen, ist der Hauptzweck einer Holzfasslagerung. Aber Achtung: Holz ist nicht gleich Holz!

Einige Firmen benützen zur Lagerung frische Eichenfässer, andere innen ausgekohlte Eichenfässer, wieder andere alte Fässer, welche kaum noch Farb- und Holzinhaltsstoffe abgeben. Manche Firmen benützen zur Endlagerung ihrer Destillate gebrauchte Portwein-, Sherry- oder Madeiraweinfässer, sodass Spuren dieser Süßweine in das Destillat gelangen und einen Touch von Sherry, Port oder Madeira vermitteln.

Letztlich werden beim **Vatting** Malt-Whisky-Destillate mehrerer Brennereien gemischt oder beim **Blending** Malz-Whisky-Destillate und Grain-Whisky-Destillate gemischt, sodass wiederum eine Vielzahl verschiedener GNPs und sonstiger Aroma- und Geschmacksstoffe vorliegen, welche nochmals einige Wochen bzw. Monate zur Abrundung benötigen. Um nun bei Vatted-Malts oder Blended-Whiskys stets annähernd gleiche sensorische Profile zu erhalten (Geruch und Geschmack), ist die Kunst des Blendmasters sehr hoch einzuschätzen. Man muss bedenken, dass viele Blends oder Luxus-Blends oft 40–50 verschiedene Whiskys enthalten.

Neben der Sensorik ist das Hauptbeurteilungs- und Bewertungskriterium eine Analyse bestimmter GNPs, welche einen echten Qualitätsvergleich und eine Qualitätsbeurteilung ermöglicht.

*Ein Ausbrennen der Fässer wird heute vielfach durch das „Toasten" ersetzt, wobei verschiedene Grade möglich sind. (Foto Fassbinder Eiletz)*

Neben der Sensorik zur Beurteilung eines Destillats kommen auch Analysen zum Einsatz.

Ebenso ermöglicht eine derartige Analyse eine Differenzierung der einzelnen Whisk(e)y-Erzeugerländer bzw. -Herstellgebiete. Die GC-Analyse beschränkt sich auf echte Gärungsnebenprodukte (Carbonylverbindungen, Aldehyde, Ester, Alkohole), da Phenole, Tannine, Gerbstoffe, Benzpyrene etc. mittels GC nicht nachweisbar sind.

Im nächsten Kapitel sind aus den Arbeiten **Postels** und **Adams** einige Analysenergebnisse zusammengefasst, welche die Beurteilung von Whiskys erleichtern und die Differenzierungsmöglichkeit transparenter machen sollen.

## Analysen-Ergebnisse

Auf den folgenden Seiten findet der interessierte Leser genaue Analysenergebnisse von schottischem, irischem, amerikanischem und kanadischem Whisk(e)y. Die Analysenergebnisse wurden in der Zeitschrift „Die Branntweinwirtschaft" publiziert (siehe Literaturverzeichnis). Um diese Zahlen richtig beurteilen zu können, ist eine Kenntnis der in Vorlauf und Nachlauf enthaltenen Inhaltsstoffe sehr wichtig.

## Schottischer Whisky

Angabe der Werte in mg/100 ml r. A.

M = Mittelwerte, V = Variationsbreite, n. n. = nicht nachweisbar, + = kleiner 0,2

| | Malt Whisky | | Grain Whisky | Blended Whisky | |
|---|---|---|---|---|---|
| | M | V | M | M | V |
| **Carbonylverbindungen** | | | | | |
| Acetaldeyhd | 8,8 | 3,6–16 | 6,5 | 6,8 | 4,9–9,1 |
| Propanal | 0,4 | 0,3–0,5 | - | 0,5 | 0,4–0,6 |
| Furfural | 2,5 | 2,1–3,0 | + | 0,7 | 0,3–1,0 |
| 1.1-Dioxyethan | 7,7 | 3,6–15,0 | 3,7 | 4,3 | 3,2–6,5 |
| 1.1.3-Trimethoxyopropan | + | +–0,3 | 0,6 | + | +–0,6 |
| **Alkohole** | | | | | |
| Methanol | 8,0 | 7,0–9,0 | 20 | 18,0 | 4–27 |
| Propanol-1 | 36 | 28–43 | 53 | 44 | 23–64 |
| Butanol-1 | 1,0 | 0,6–1,4 | + | 0,3 | 0,2–0,5 |
| Isobutanol | 104 | 79–124 | 70 | 66 | 48–85 |
| 2-Methylbutanol-1 | 67 | 51–81 | 5 | 23 | 16–29 |
| 3-Methylbutanol-1 | 151 | 123–175 | 9 | 47 | 32–68 |
| Summe der Amylalkohole | 218 | 174–256 | 14 | 71 | 48–97 |
| 2-Phenylethanol | 6,2 | 4,6–7,2 | 1,3 | 2,0 | 0,7–2,8 |
| Summe höhere Alkohole (ohne Methanol) | 365,7 | | 153,5 | 182,5 | |
| **Ester** | | | | | |
| Ethylformiat | 1,1 | 0,5–1,9 | 1,2 | 1,1 | 0,7–1,6 |
| Methylacetat | - | - | - | - | - |
| Ethylacetat | 34 | 19–50 | 29 | 2,7 | 22–33 |
| Isoamylacetat | 2,1 | 1,5–3,0 | 0,3 | 1,0 | 0,5–1,5 |
| 2-Phenylethylacetat | 1,0 | 0,6–1,6 | + | 0,4 | +–0,6 |
| Ethyllactat | 3,5 | 0,6–9,8 | 0,2 | 1,0 | 0,3–3,3 |
| Ethylcaprylat | 2,7 | 1,8–3,7 | 0,2 | 0,9 | 0,6–1,3 |
| Ethylcaprat | 7,1 | 4,4–11 | 0,5 | 2,7 | 1,9–3,9 |
| Ethylundecanoat | + | n. n.– + | n. n. | + | n. n.–+ |
| Ethyllaurat | 5,4 | 4,2–7,5 | 0,3 | 2,4 | 1,6–3,6 |
| Ethylmyristat | 0,5 | 0,3–1,0 | + | 0,2 | +–0,4 |
| Ethylpalmitat | 2,3 | 1,2–4,6 | 0,6 | 0,6 | +–1,9 |
| Ethylpalmitoleat | 3,3 | 1,8–6,0 | + | 0,7 | 0,2–1,2 |
| Summe Ester | 65,0 | | 32,1 | 38,4 | |
| Summe Ester o. Ethylacetat | 31,0 | | 3,1 | 11,4 | |
| Flüchtige Stoffe insgesamt | 458,1 | | 216,3 | 251,2 | |

## Irischer Whisky

Angabe der Werte in mg/100 ml r. A.

M = Mittelwerte, n. n. = nicht nachweisbar, + = kleiner 0,2

| | Malt Whisky | Grain Whisky | Blended Whisky |
|---|---|---|---|
| | M | M | M |
| **Carbonylverbindungen** | | | |
| Acetaldeyhd | 10 | 5,1 | 3,0 |
| Propanal | n. n. | n. n. | n. n. |
| Furfural | 1,7 | 0,7 | 0,3 |
| 1.1-Dioxyethan | 1,9 | 3,8 | 1,9 |
| 1.1.3-Triethoxyopropan | n. n. | + | n. n. |
| **Alkohole** | | | |
| Methanol | 6,3 | 4,3 | 3,8 |
| Propanol-1 | 36 | 51 | 59 |
| Butanol-1 | + | 0,6 | + |
| Isobutanol | 116 | 103 | 62 |
| 2-Methylbutanol-1 | 79 | 56 | 12 |
| 3-Methylbutanol-1 | 213 | 112 | 28 |
| Summe der Amylalkohole | 292 | 168 | 40 |
| 2-Phenylethanol | 0,6 | 0,2 | 0,3 |
| Summe höhere Alkohole (ohne Methanol) | 445 | 324 | 162 |
| **Ester** | | | |
| Ethylformiat | 1,1 | 0,4 | 0,5 |
| Methylacetat | - | - | - |
| Ethylacetat | 25 | 16 | 11 |
| Isoamylacetat | 0,7 | 0,4 | 0,6 |
| Ethyllactat | 1,7 | 1,0 | 1,0 |
| Ethylcaprylat | 1,3 | 0,7 | 0,3 |
| Ethylcaprat | 3,4 | 1,1 | 0,3 |
| Ethylundecanoat | - | - | - |
| Ethyllaurat | 1,3 | 0,3 | + |
| Ethylmyristat | + | + | + |
| Ethylpalmitat | 0,4 | 0,3 | 0,2 |
| Ethylpalmitoleat | + | + | n. n. |
| Summe Ester | 36,5 | 21,5 | 14,6 |
| Summe Ester o. Ethylacetat | 11,5 | 5,1 | 3,6 |
| Flüchtige Stoffe insgesamt | 501,4 | 359,4 | 185,6 |

## Amerikanischer Whiskey und kanadischer Whisky

Angabe der Werte in mg/100 ml r. A.

M = Mittelwerte, n. n. = nicht nachweisbar, + = kleiner 0,2

| | Straight-Bourbon-Whiskey | | Kanadischer Blended-Whisky | |
|---|---|---|---|---|
| | M | V | M | V |
| **Carbonylverbindungen** | | | | |
| Acetaldeyhd | 8,6 | 6,3–12 | 5,3 | 3,9–7,2 |
| Propanal | 0,6 | 0,5–0,6 | + | +–0,4 |
| Furfural | 1,9 | 0,5–2,9 | + | +–0,4 |
| 1.1-Dioxyethan | 6,3 | 3,7–8,1 | 2,4 | 1,9–3,7 |
| 1.1.3-Triethoxyopropan | + | + | + | n. n.–+ |
| **Alkohole** | | | | |
| Methanol | 21 | 16–29 | 12 | 7,4–16,7 |
| Propanol-1 | 30 | 21–52 | 7 | 2,5–20 |
| Butanol-1 | 0,7 | 0,4–1,0 | + | + |
| Isobutanol | 84 | 61–121 | 12 | 3,7–19 |
| 2-Methylbutanol-1 | 126 | 44–176 | 13 | 4,4–19 |
| 3-Methylbutanol-1 | 195 | 101–269 | 24 | 9,8–43 |
| Summe der Amylalkohole | 321 | 145–414 | 37 | 14–62 |
| 2-Phenylethanol | 7,4 | 0,3–21 | 0,8 | 0,3–1,2 |
| Summe höhere Alkohole (ohne Methanol) | 444 | | 57 | |
| **Ester** | | | | |
| Ethylformiat | 2,0 | 0,9–3,9 | 1,1 | 0,8–15 |
| Methylacetat | + | + | n. n. | n. n. |
| Ethylacetat | 69 | 33–126 | 17 | 13–28 |
| Isoamylacetat | 0,6 | +–1,1 | + | n. n.–0,3 |
| Ethyllactat | 2,3 | 0,3–13 | 0,3 | +–0,8 |
| Ethylcaprylat | 1,4 | 0,8–3,0 | + | –0,2 |
| Ethylcaprat | 2,5 | 0,7–6,0 | 0,3 | +–0,4 |
| Ethylundecanoat | 0,2 | +–0,7 | n. n. | n. n. |
| Ethyllaurat | 1,3 | 0,3–3,2 | 0,3 | +–1,0 |
| Ethylmyristat | 0,4 | +–1,4 | + | + |
| Ethylpalmitat | 0,4 | +–1,6 | 0,3 | +–0,6 |
| Ethylpalmitoleat | 0,3 | +–0,5 | + | n. n.–+ |
| Summe Ester | 82,2 | | 20,3 | |
| Summe Ester o. Ethylacetat | 13 | | 3,3 | |
| Flüchtige Stoffe insgesamt | 565,1 | | 97,8 | |

## Zusammenstellung einiger Analysenparameter

(Angabe in mg/100 ml r. A.)

| | 1 | 2 | 3 | 4 | 5 | 6 | 7 | 8 |
|---|---|---|---|---|---|---|---|---|
| Summe Carbonylverbindungen | 19,4 | 30,2 | 8,3 | 13,6 | 9,6 | 5,2 | 22,6 | 7,7 |
| Methanol | 8,0 | 20 | 18 | 6,3 | 4,3 | 3,8 | 21 | 12 |
| Summe Amylalkohole | 218 | 14 | 71 | 292 | 168 | 40 | 321 | 37 |
| Summe höhere Alkohole ohne Methanol | 365,7 | 153 | 182,5 | 445 | 324 | 162 | 444 | 57 |
| Ethylacetat | 34 | 29 | 27 | 25 | 16 | 11 | 69 | 17 |
| Summe Ester | 65 | 32,1 | 38,4 | 36,5 | 21,5 | 14,6 | 82,2 | 20,3 |
| Summe Ester ohne Ethylacetat | 31 | 3,1 | 11,4 | 11,5 | 5,1 | 3,6 | 13 | 3,3 |
| Summe flüchtige Stoffe insgesamt | 458,1 | 216,3 | 251,2 | 501,4 | 359,4 | 185,6 | 565,1 | 97,8 |

**Legende**

1 = Schottischer Whisky - Malt-Whisky
2 = Schottischer Whisky - Grain-Whisky
3 = Schottischer Whisky - Blended-Whisky
4 = Irischer Whiskey - Malt-Whiskey
5 = Irischer Whiskey - Blended-Whiskey
6 = Irischer Whiskey - Light-Whiskey
7 = Amerikanischer Whiskey - Straight-Bourbon-Whiskey
8 = Kanadischer Whisky - Blended-Whisky

# Whisky-Trail in Schottland

Grundsätzlich kann eine Vielzahl von Whiskybrennereien in Schottland besichtigt werden. Es ist jedoch ratsam, sich **vorher** bei der **Scotch Whisky Association** in Edinburgh eine aktuelle Liste jener Betriebe zu besorgen, welche ohne oder mit Voranmeldung eine Besichtigung gestatten (Termine, Telefonnummern, Adressen).

In der Regel wird in den Monaten Juli bis September nicht produziert, während dieser Zeit werden Reparaturen, Überholarbeiten etc. durchgeführt. Es sind jedoch trotzdem Führungen durch die Anlagen möglich bzw. wird eine Video- oder Multimediashow gezeigt. Im Anschluss an die Führungen wird häufig eine Kostprobe kredenzt. Ferner besteht meist die Möglichkeit, diverse Whiskys käuflich zu erwerben.

Im Speygebiet (nördliches Hochland) gibt es seit geraumer Zeit den sogenannten **Whisky-Trail**. Entlang dieser Route kann eine

*Der Whisky-Trail im nördlichen Hochland*

*Brennereien entlang des Whisky-Trails*

Vielzahl von namhaften Brennereien besucht werden, z. B. Glen Grant, Glenfiddich, Glenfarclas, Glenlivet, Cardhu, Dallas Dhu, Tamdhu, Aberlour, Knockando, Tamnavulin etc. Während der Hauptreisezeit ist mindestens einer der Betriebe auch samstags geöffnet.

Eine genaue Liste der Öffnungszeiten kann bei diversen Touristen-Informationsbüros in den Orten Keith, Dufftown, Rothes oder Tomintoul besorgt werden.

Interessant wäre auch der Besuch der einzigen Fassbinderei (Schäfflerei, Böttcherei) Schottlands, **Speyside Cooperage**, in Craigellachie. Neben den fachlichen Eindrücken ist es vor allem immer wieder auch der Zauber des schottischen Hochlands, der begeistert und das Erlebnis abrundet.

# Weitere Informationen zum Whisky


Stärke- und Alkoholausbeute

Alkoholkonzentration in Schottland/Irland

Alkoholkonzentration in den USA und in Kanada

Flüssigkeitsmaße in England (GB) und in den USA/in Kanada

Flaschengrößen

Whisky-Lagerfässer in England und in den USA/ in Kanada

Temperaturumrechnungen in England (GB) und in den USA/in Kanada


## Stärke- und Alkoholausbeute

Eine Frage, die oft gestellt wird, ist nicht allgemein und auch nicht so einfach zu beantworten, da hier viele Parameter und Umstände mitspielen. Die Frage lautet: Wie viel Liter Whisky (Trinkware mit 40 % vol.) erhalte ich aus 1 kg Malz?

Hier ist zunächst die Ausbeute zu nennen. Es gibt eine **Alkoholausbeute** und eine **Stärkeausbeute**. Bei richtiger Arbeitsweise kann aus 100 kg Gerstenmalz eine **Alkoholausbeute** von 36–38 l r. A. erreicht werden. Unter l r. A. (Liter reinen Alkohols) versteht

### Stärkegehalt diverser Getreide- und Malzarten und Angabe der Stärkeausbeute

(l r. A./100 kg Stärke)

| Rohstoff | % Stärke | lA/100 kg Rohstoff |
|---|---|---|
| Roggen | 55–58 | 33–37 |
| Weizen | 57–60 | 34–38 |
| Gerste | 53–57 | 33–36 |
| Hafer | 50–54 | 31–33 |
| Mais | 58–62 | 36–38 |
| Hirse | 58–62 | 36–38 |
| Grünmalz | 35–40 | 22–26 |
| Darrmalz | 54–58 | 36–38 |

man Alkohol mit 100 % vol. und nicht die Trinkware, wie viele meinen. Ferner versteht man unter l r. A. die Gesamtmenge an Alkohol, die bei einem Brand entsteht. In dem Begriff l r. A. sind also Vorlauf, Mittellauf, Nachlauf und der Alkohol im Blasenrückstand enthalten.

**HINWEIS** | **Beispiel**

Bei einem Feinbrand sind z. B. nur 30 % des Gesamtalkohols als Mittellauf bzw. als Verdünnungsware verwertbar. Das wären bei einer Alkoholausbeute von z. B. 36 l r. A./100 kg Gerstenmalz etwa 12 l r. A./100 kg Malz in Form von verwertbarem Mittellauf. Der Mittellauf hat z. B. 66 % vol. Dies bedeutet, diese 12 l r. A. sind in 18,1 l Mittellauf enthalten.

Hat man die pro Feinbrand erhaltene Mittellaufmenge in Litern abgemessen und die Alkoholkonzentration des Mittellaufes mittels Alkoholspindel oder mit einem Dichte-Messgerät in % vol. bestimmt, so lässt sich leicht die Alkoholausbeute in l r. A./kg Malz oder, nach der Verdünnung auf Trinkstärke, die Menge an Trinkware pro kg Malz berechnen.

Der Mittellauf mit 66 % vol. kann auf Trinkstärke von z. B. 40 % vol. eingestellt werden. Die dazu nötige Menge an entmineralisiertem Wasser kann mithilfe der Mischungsformel errechnet werden oder man benützt eine entsprechende Tabelle. Wichtig dabei ist, dass das Verdünnungswasser und der zu verdünnende Mittellauf die gleiche Temperatur haben, ansonsten stimmt infolge der Kontraktion die gewünschte Verdünnungskonzentration nicht.

Um bei dem Beispiel zu bleiben, errechnen sich folgende Werte: Aus 1 kg Malz erhält man 120 ml r. A. oder 300 ml Trinkware mit 40 % vol.

Betrachtet man die **Stärkeausbeute**, so ergibt sich für getrocknetes Gerstenmalz mit einem Stärkegehalt von 54 bis 58 % Stärke pro 100 kg verarbeiteter Malzmenge eine verarbeitete Stärkemenge von i. M. 56 kg. Man kann die erzielte Menge an reinem Alkohol dann als Stärkeausbeute z. B. in l r. A./100 kg Stärke berechnen und für Vergleiche heranziehen.

Der Stärkegehalt des Darrmalzes kann von der Malzfabrik erfragt werden.

# Alkoholkonzentration in Schottland/Irland

Die Alkoholkonzentration wird immer noch, speziell in Irland, mit °Proof angegeben. **Proof-Spirit** ist ein Alkohol-/Wassergemisch, das bei 15,56 °C (60 °Fahrenheit) eine Alkoholkonzentration von 49,28 Gew.-% bzw. **57,15 % vol.** aufweist.

100 °Proof entsprechen 57,15 % vol. Alkohol
175 °Proof entsprechen 100,00 % vol. Alkohol (r. A.)

Ferner gibt es die Bezeichnungen „over proof" und „under proof".

| | | | |
|---|---|---|---|
| 10 °over proof: | 100 + 10 | = | 110 °Proof |
| 12 °under proof: | 100 – 12 | = | 88 °Proof |

Beispiel:

| | | | |
|---|---|---|---|
| 10 °over proof: | 10 x 0,5715 | = | 5,71 °Proof |
| | 57,15 + 5,71 | = | **62,86 % vol.** |
| 12 °under proof: | 12 x 0,5715 | = | 6,86 °Proof |
| | 57,15 – 6,86 | = | **50,29 % vol.** |

**Formel :** $$\frac{°\text{Proof x 4}}{7} = \%\ \text{vol.}$$

Bis 1980 wurde die Alkoholstärke nach dem **Sikes-System** gemessen, welches in England über 160 Jahre Gültigkeit besaß. Sikes, ein Zollbeamter, führte 1818 das Alkoholmesssystem nach Sikes-Graden ein. Demnach war eine Spirituose mit „Proof Strength" eine Spirituose, welche bei 51 °F (10,55 °C) exakt 12/13 einer äquivalenten Menge an destilliertem Wasser wog. Ab 1980 wurde im Rahmen der EWG das **OIML-System** eingeführt. Demnach ist die Alkoholkonzentration zumindest für den Export in % vol. anzugeben, und zwar bei 20 °C. Heute sollten alle %-vol-Angaben bei 20 °C erfolgen und für den Export sollte **% vol.** bzw. **°Gay Lussac** (°GL) angegeben werden.

Bei für den Export bestimmten Whiskys muss der Alkoholgehalt in % vol. bei 20 °C angegeben sein.

**OIML = International Organisation of Legal Metrology**

| °Sikes → | OIML % vol. | → % vol. |
|---|---|---|
| 70 | 39,9 | 40 |
| 75 | 42,8 | 43 |
| 80 | 45,6 | 46 |
| 100 | 57,1 | 57 |
| 120 | 68,5 | 69 |
| 150 | 85,6 | 86 |
| 160 | 91,4 | 92 |
| 170 | 97,1 | 98 |
| 175 | 100,0 | 100 |

## Alkoholkonzentration in den USA und in Kanada

Auch in diesen Ländern wird die Alkoholkonzentration im Inland immer noch in °**Proof** angegeben. **Proof-Spirit** ist ein Alkohol-/Wassergemisch, das bei 15,57 °C (60 °Fahrenheit) eine Alkoholkonzentration von **50 % vol.** aufweist.

100 °Proof entsprechen 50 % vol.
200 °Proof entsprechen 100 % vol. (r. A.)

**Formel :** $\frac{°\text{Proof}}{2} = \%\ \text{vol.}$

# Flüssigkeitsmaße in England (GB) und in den USA/in Kanada

| | | |
|---|---|---|
| 1 GB-Gallon | → | 4,544 l |
| 1 US-Gallon | → | 3,785 l |
| | | |
| 1 Proof-Gallon | → | 1 Gallone ProofSpirit |
| 1 Proof-Gallon-GB | → | 8 x 0,75-l-Flaschen oder 8,5 x 0,70-l-Flaschen Whisky mit 43 % vol. |
| | | |
| 1 Proof Gallon-GB | → | 4,547 l x 0,5715 = 2,6 l r. A. |
| 1 Proof Gallon-US | → | 3,785 l x 0,5000 = 1,9 l r. A. |
| | | |
| 1 l Proof Spirit-GB | → | 2,6 l r. A. |
| 1 l Proof Spirit-US | → | 1,9 l r. A. |

# Flaschengrößen

| | | |
|---|---|---|
| 1 litre | → | 1.000 ml |
| 1 bottle | → | 750 ml |
| halfbottle | → | 375 ml |
| miniature | → | 50 ml |

# Whisky-Lagerfässer in England und in den USA/in Kanada

**England**

| | | | |
|---|---|---|---|
| 1 barrel | → | 163,5 l | |
| 1 hogshead | → | 238,4 l | |
| 1 butt | → | 477,0 l | |
| 1 hogshead | → | 52,5 | imperial gallons oder |
| | | 63,0 | old wine gallons |
| | | 64,0 | gallons of beer |
| | | 46,0 | gallons of claret |

**USA/Kanada**

| | | |
|---|---|---|
| 1 American barrel | → | 173–191 l |
| 1 Quarter | → | 127–159 l |
| 1 Octave | → | 45–68 l |

# Temperaturumrechnungen in England (GB) und in den USA/in Kanada

**Celsius-Skala** (100 °C)
Gefrierpunkt: 0 °C
Siedepunkt: 100 °C

**Fahrenheit-Skala** (180 °F)
Gefrierpunkt: 32 °F
Siedepunkt: 212 °F

**Umrechnungsformeln**

$$x\ °C = \frac{(°F - 32)}{1{,}8} \qquad x\ °F = (1{,}8 \times °C) + 32$$

Beispiele:
0 °C = 32 °F
100 °C = 212 °F
20 °C = 68 °F
50 °C = 122 °F
60 °C = 140 °F

**Heute gültige Temperaturangaben werden in °Kelvin (°K) gemacht**

0 °K = –273 °C
0 °C = 273 °K
20 °C = 293 °K

**HINWEIS** **Frankreich**

In Frankreich werden – speziell in älteren Betrieben – immer noch °Réaumur benützt (Schmelzpunkt von Eis: 0 °Ré, Siedepunkt von Wasser: 80 °Ré).

# Anhang

Literaturverzeichnis

Bezugsquellen

Steckbrief des Verfassers

## Literaturverzeichnis

**A Tourist Guide to Scotland.** ISBN 0-85933-168-7, 1989

Compton Mackenzie, Edward Montague: **Das Whisky Schiff.** Band 1716, Verlag Goldmann, 1960

Cooper, Derek: **The Little Book of Malt Whiskies.** The Appletree Press, Belfast 1992

Cooper, Derek: **The Whisky Roads of Scotland.** Andre Deutsch, London 1969

Daiches, David: **Let's collect Scotch Whisky.** Jarrold and Sons, Norwich 1981

**Die Branntweinwirtschaft.** VLB Berlin, 119 Jg., Mai 1979, S. 172 ff.

**Die Branntweinwirtschaft.** VLB Berlin, 117 Jg. (12), Juni 1977, S. 230 ff.

**Die Branntweinwirtschaft.** VLB Berlin, 118 Jg., Dez. 1978, S. 404 ff.

Elder, Andrew: **Whisky Map of Scotland.** Bartholomew, Edinburgh 1995

Gabány, Stephan: **Schumann's Whisk(e)y Lexicon.** Heyne Verlag, München 1996

Gem, Collins: **Whisky.** Amadeus S. p. A., Italien 1963

Grindal, Richard: **Das Whisky-Brevier.** Heyne Verlag, München 1994

Jackson, Michael: **Malt Whisky.** Heyne Verlag, München 1994

Jäger, Peter: **Das Handbuch der Edelbranntweine, Schnäpse und Liköre.** Stocker Verlag, Graz; Stuttgart 2006, 3. Aufl. 2014

Jäger, Peter: **Geheimnisvolles Wasser.** Stocker Verlag, Graz; Stuttgart 2011

Jäger, Peter: **Whisky aus Deutschland, Österreich und der Schweiz.** Stocker Verlag, Graz; Stuttgart 2011

Lerner, Daniel: **Schottischer Whisky.** Könemann Verlag, Köln 1997

MacDonald, Aeneas: **Whisky.** The Porpoise Press, 1930

MacLean; Charles: **Pocket Whisky Book.** Mandarin Offset, Malaysia 1995

Mackinnon, Roderick: **Gaelic. Hodder and Stoughton Ltd.**, Dunton Green 1971

Malt Whisky Association: **Whisky Map of Scotland.** Bartholomew, Edinburgh 1980

Milroy, Wallace: **Wallace Milroy's Malt Whisky-Almanach.** Verlag Friesland, Schortens 1991

Pattullo, Dione; Cooper, Derek: **Enjoying Scotch.** Johnston & Bacon, London 1980

Pyke, Magnus: **Science and Scotch Whisky.** Edinburgh 1966

Rudolf, Karl: **Malt, Scotch, Bourbon & Co.** ECON Verlag, Düsseldorf 1989

Schobert, Walter: **Single Malt Note Book.** Printhaus Verlag, Verden 1996

**Scotch Whisky. Questions and answers.** Scotch Whisky Association, Edinburgh 1992

**The Malt Whisky Trail.** Grampian Highlands and Aberdeen, 1995

**The North British Distillery Company Ltd.** Pillans & Wilson, Edinburgh 1975

Wilson, John: **Scotland's Distilleries.** Framedram Publishers, 1975

Wüstenfeld, Hermann; Haeseler, Georg: **Trinkbranntweine und Liköre.** 4. Aufl., Verlag Paul Parey, Berlin 1964

# Bezugsquellen

Neben den hier angeführten Hinweisen auf Bezugsquellen von Destillieranlagen, Hilfsstoffen und Rohstoffen finden Sie in den einzelnen einschlägigen Fachbüchern weitere Adressen. Ferner können solche Fragen auch in Fachgeschäften, in Brauereien und Brennereien beantwortet werden.

## Bezugsquellen für Malze in Österreich

**Plohberger Malz**
Manglburg 5, 4710 Grieskirchen
Tel.: +43/7248/62247
E-Mail: office@plohberger-malz.at

**STAMAG Stadlauer Malzfabrik**
Smolagasse 1, 1220 Wien
Tel.: +43/1/28808-0
E-Mail: office@stamag.at

## Bezugsquelle für Rauchmalz in Deutschland

**Weyermann Malzfabrik**
Brennerstraße 17–19
96052 Bamberg
Tel.: +49/951/93220-0
E-Mail: info@weyermann.de

## Bezugsquellen und Informationen für technische Enzympräparate und Hefen

**Novozymes Austria**
Karolinengasse 5/9
1040 Wien
Tel.: +43/1/505/47/57-0

**Pall Seitz Schenk Filtertechnik GmbH**
Triesterstraße 4
2353 Guntramsdorf
Tel.: +43/2236/533/88-0

**Holzeis-Kellereibedarf GmbH**
Detail & Großhandel
Aussermanzing 28
3033 Altlengbach
*www.holzeis.at*

**ReKru GmbH**
Brennerei, Kellereibedarf
Betznauer Straße 28
88079 Kressbronn
*www.rekru.de*

## Bezugsquellen für Destillieranlagen

**Brennereianlagen Ulrich Kothe**
Beltstraße 3
73054 Eislingen
Tel.: +49/7161/817275
E-Mail: info@kothe-dt.de

**Brennereianlagen August Holstein**
Friedrichshafener Straße 49
88097 Eriskirch/Bodensee
Tel.: +49/7541/82575
E-Mail: info@a-holstein.de

**Brennereianlagen Carl GmbH**
Poststraße 109
73054 Eislingen
Tel.: +49/7161/9783-0
E-Mail: info@carl.info

**Tiroler Kupferschmiede Schmidt**
Josef-Loinger-Straße 12
6300 Wörgl
Tel.: +43/5332/72213
E-Mail: info@tiroler-kupferschmiede.at